Was ist unter den Begriffen

- Erbfall
- Erbschaft
- Verfügung von Todes wegen

zu verstehen?

Einführung

ErbR: Karteikarte Nr. 1

Erbfall	= Tod einer natürlichen Person, § 1922 I
Erbschaft	= Nachlass: Vermögen des Erblassers, das mit dem Tod auf die Erben übergeht; bestehend aus Aktiva und Passiva, §§ 1922 I, 1967 ff.
Verfügung von Todes wegen	doppelte Bedeutung: • rechtsgeschäftl. Formen der Anordnung der Erbfolge: Testament, Erbvertrag • einzelne Anordnungen in Testament / Erbvertrag

Was ist mit den Prinzipien der Universalsukzession und des Vonselbsterwerbes gemeint?

ErbR: Karteikarte Nr. 2

Universalsukzession	Mit dem Erbfall geht Erbschaft **als Ganzes** auf den / die Erben über ⇨ **keine** Einzelrechtsnachfolge (Singularsukzession) in einzelne Gegenstände möglich!

!

Vonselbsterwerb	Erbschaft geht **kraft *Gesetzes*** auf den / die Erben über; einer Annahmeerklärung bedarf es nicht. Damit scheidet auch gutgl. Erwerb aus!

Wer ist erbfähig?

↳ ErbR, Rn. 5; ErbR: Karteikarte Nr. 8

Erbfähigkeit, § 1923

Grundsatz: Rechtssubjekte, die im ZP des **Erbfalls** Träger von Rechten / Pflichten sein können (**Rechtsfähigkeit**), vgl. § 1923 I

unproblematisch:
noch lebende nat. Personen, jur. Personen; OHG / KG wg. § 124 I (§ 161 II) HGB, nach Anerkennung ihrer (Teil-)Rechtsfähigkeit auch die GbR

Sonderfälle:
- Nasciturus, § 1923 II
- noch nicht rechtsfähige Stiftung, § 84 BGB

Voraussetzung ist aber, dass Rechtsfähigkeit **später erlangt wird**, z.B.: Nasciturus muss später lebend geboren werden

Für welchen examensrelevanten Fall ist eine Ausnahme vom Prinzip der Universalsukzession zu machen? Warum?

↳ ErbR: Karteikarte Nr. 4; GesR, Rn. 205 ff.

Fällt ein Anteil an einer Personengesellschaft in den Nachlass (Voraussetzung Nachfolgeklausel im Gesellschaftsvertrag oder Kommanditanteil, § 177 HGB), lässt die h.M. eine **Einzelrechtsnachfolge** zu:
Sofern entsprechende Regelung (Nachfolgeklausel) im Gesellschaftsvertrag besteht, werden **alle** (*einfache* Nachfolgeklausel) oder **bestimmte** (*qualifizierte* Nachfolgeklausel) Erben Einzelgesellschafter. Der Gesellschafts*anteil* bestimmt sich nach der Nachfolgeklausel oder nach der allgemeinen Erbquote

↓

Grund: Erbengemeinschaft ist **auf Liquidation angelegt**, wäre jederzeit auflösbar; außerdem wäre Handlungsfähigkeit wg. Erfordernis gemeinschaftl. Verwaltung (§ 2038) eingeschränkt, auf Nachlass beschränkbare Haftung der Erbengemeinschaft mit § 128 HGB nicht zu vereinbaren
⇨ Erben*gemeinschaft* soll nicht Gesellschafterin werden, daher Ausnahme vom Prinzip der Universalsukzession.

Welche Gestaltungsmöglichkeiten im Gesellschaftsvertrag bestehen neben der Nachfolgeklausel für den Fall des Todes eines Gesellschafters einer Personengesellschaft noch?

ErbR: Karteikarte Nr. 4; GesR, Rn. 205 ff.

Fortsetzungsklausel	Gesellschaftsvertrag bestimmt, dass die Gesellschaft mit den übrigen Gesellschaftern fortgesetzt wird (Bei GbR Ausnahme von § 727, bei OHG / KG *deklaratorisch* wg. §§ 131 III S.1 Nr. 1 (§ 161 II) HGB). **Folge:** Verstorbener scheidet aus, Anteil wächst anderen Gesellschaftern an, Erben erhalten Abfindung, § 738 BGB
Eintrittsklausel	Gesellschaftsvertrag sieht vor, dass der Begünstigte schuldrechtl. Anspruch auf Aufnahme in die Gesellschaft hat (= echter Vertrag zugunsten Dritter auf den Todesfall, § 331)

Welchem Zweck dient die Regelung des § 857 BGB?

↳ ErbR: Karteikarte Nr. 5

Fiktiver Erbenbesitz, § 857 BGB

I.d.R. hat Erbe nicht die Möglichkeit, Nachlassgegenstände sofort nach dem Erbfall in Besitz zu nehmen ⇨ durch § 857 sollen besitzlose Zustände vermieden werden

Nichtberechtigter kann wg. §§ 935 I, 857 nicht wirksam über bewegl. Sache aus dem Nachlass verfügen, es sei denn gutgläubiger Erwerb, § 2366!

Nennen Sie einige höchstpersönliche Rechte / Pflichten, die nicht vererblich sind!

↳ ErbR: Karteikarte Nr. 7

Nicht vererbliche (höchstpersönliche) Rechte / Pflichten

= **Ausnahmefall**; i.d.R. gesetzl. geregelt

- Stellung als Vorstand eines Vereines; auch nicht Vereinsmitgliedschaft, § 38 S.1, sofern nicht anderweitige Regelung, § 40
- grds. Unterhaltsverpflichtungen wg. fam.-rechtl. Beziehungen, §§ 1615, 1360a III. Vererblich Pflicht zum Scheidungsunterhalt, da nach Scheidung keine fam.-rechtl. Beziehung mehr, § 1586b, überhaupt nicht vererblich künftige Unterhaltsansprüche,
- Nießbrauchsrecht, § 1061
- schuldrechtl. VKR, § 514 S.1; subj.-dingl. VKR, §§ 1098 I S.1, 514 S.1
- vererblich ist dagegen der digitale Nachlass wie ein Facebookzugang

Auf welche zwei Grundarten kann die Erbfolge geregelt werden? Welche hat dabei Vorrang?

↳ ErbR, Rn. 12 ff.

Gesetzliche Erbfolge	⟷	**Gewillkürte Erbfolge**
§§ 1922-1936		• Testament, § 1937, §§ 2231 ff. • Erbvertrag, § 1941, §§ 2274 ff.

↓

Soweit gewillkürte Erbfolge angeordnet ist, ist die gesetzl. Erbfolge verdrängt!

Welche Prinzipien sind bei der Bestimmung der gesetzlichen Erbteile von Verwandten zu beachten?

↳ ErbR: Karteikarte Nr. 10

Prinzipien der gesetzl. Erbfolge

Parentelsystem	• Einteilung der Verwandten in Ordnungen, §§ 1924-1928 • Verwandte niedriger Ordnungen schließen Verwandte höherer Ordnungen aus, § 1930
innerhalb der Ordnungen:	• 1. Ordnung: Erbfolge nach Stämmen, § 1924 III • 2. / 3. Ordnung: Erbf. nach Linien (§ 1925 II) • ab 4. Ordnung: Gradualsystem, § 1928 III
innerhalb der Stämme und Linien:	• Repräsentationsprinzip: Lebende Verwandte schließen ihre Nachkommen von der Erbfolge aus, §§1924 II, 1925 II, 1926 II • Eintrittsrecht: an Stelle vorverstorbener Verwandter treten deren Abkömmlinge, vgl. §§ 1924 III, 1925 III, § 1926 III

Im Zeitpunkt des Todes des E leben noch: dessen Vater V, sein Bruder B und dessen Kinder X und Y, sowie die T, Tochter des V aus einer früheren Ehe mit der ebenfalls noch lebenden S. Wie ist die gesetzliche Erbfolge nach E?

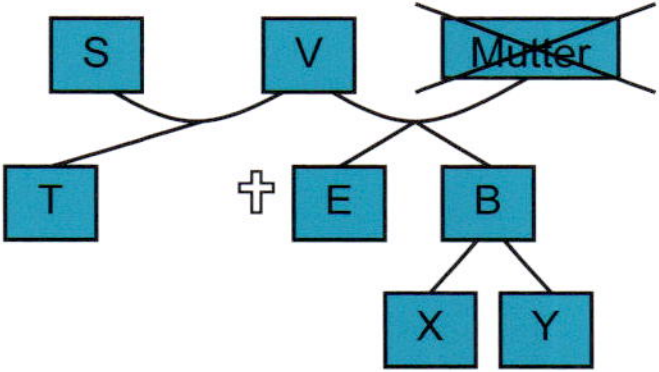

- V, B, X, Y und T gehören der 2. Ordnung an, § 1925 II
- B repräsentiert X und Y und schließt sie demnach von der Erbfolge nach E aus, §§ 1925 III S.1, 1924 II
- V und die Mutter des E würden nach § 1925 II zu je ½ erben. Für die vorverstorbene Mutter tritt B ein, § 1925 III S.1; T ist mit der Mutter des E nicht verwandt ⇨ kein Eintrittsrecht. In der Linie des V ist sie durch diesen repräsentiert. T erbt also nichts, B erhält die der Mutter ursrp. zustehende Hälfte, also neben V ebenfalls ½

Wie ist das gesetzliche Erbrecht
des Ehegatten ausgestaltet?
Wie ist zu differenzieren?

ErbR: Karteikarte Nr. 14

§ 1931 I	• ¼ neben Verwandten 1. Ordnung, § 1931 I S.1 • ½ neben Verwandten 2. Ordnung oder neben Großeltern, § 1931 I S.1; dabei § 1931 I S.2 beachten • alleine, wenn Verwandte der 1. / 2. Ordnung oder Großeltern (-)
Einfluss des Güterstandes	• Erhöhung um ¼ bei Zugewinngemeinschaft, §§ 1931 III, 1371 I • § 1931 IV bei Gütertrennung: Modifikation, wenn Ehegatte mit einem oder zwei Kindern zusammentrifft (sonst bleibt es bei § 1931 I) • §§ 1482, 1483 I S.3 bei Gütergemeinschaft

Der Erblasser E hinterläßt seine Ehefrau F und seine beiden Kinder S und T. Ein Ehevertrag wurde nicht geschlossen.
Wie hoch ist der gesetzliche Erbteil von S?

ErbR: Karteikarte Nr. 16

Tipp: Wenn Erblasser verheiratet war, immer mit gesetzl. Erbteil des Ehegatten beginnen ⇨ danach bestimmt sich, welcher Teil der Erbschaft verbleibt; dieser ist dann nach den §§ 1924 ff. wie gewohnt aufzuteilen.

Erbteil der F:	• F erbt neben S und T als Erben 1. Ordnung, § 1924 I, daher § 1931 I S.1: ¼ • dazu: §§ 1931 III, 1371 I = ¼ ⇨ ½
Erbteil von S:	• das restl. ½ ist nach §§ 1924 ff. zu verteilen: Kinder S und T erben nach § 1924 IV zu gleichen Teilen ⇨ je ¼ (= ½ x ½!) ⇨ S erhält ¼

Welche Rechtsfolge ergibt sich, wenn im Falle des gesetzlichen Güterstandes der Ehegatte enterbt wird?

ErbR: Karteikarte Nr. 17

§ 2303, § 1371 II

e.A. (sog. Wahltheorie)	• **güterrechtl.** Lösung, § 1371 II: Ehegatte erhält den tatsächlichen Zugewinnausgleich und den Pflichtteil, wobei vom nicht nach § 1371 I erhöhten gesetzl. Erbteil auszugehen ist („*kleiner*“ Pflichtteil) • **stattdessen** soll der Ehegatte auch den Pflichtteil unter Zugrundelegung des nach § 1371 I erhöhten gesetzl. Erbteils („*großer*“ Pflichtteil) verlangen können
h.M.	• **keine Wahlmöglichkeit**, sondern nur kleiner PT + ZGA (s.o.); „in diesem Falle“ i.S.v. § 1371 II HS. 2 meint den *ganzen* HS. 1 • außerdem hätte der Erblasser sonst keine Möglichkeit, den nach § 1371 I pauschalierten Zugewinnausgleich auszuschließen.

Angenommen, die Eheleute X kommen bei einem Unfall gleichzeitig ums Leben. Besteht ein Anspruch auf Zugewinnausgleich nach den §§ 1373 ff. BGB?

↳ ErbR: Karteikarte Nr. 19

Zugewinnausgleich bei gleichzeitigem Versterben

Anspruch der Erben des ausgleichsberechtigten Ehegatten gegen die Erben des ausgleichsverpflichteten Ehegatten?

- §§ 1372, 1378 I BGB nicht anwendbar, da gerade Beendigung des Güterstandes durch Tod eines Ehegatten § 1378 III S.1 gibt kein Argument, da dieser zunächst die **Entstehung** des ZGA voraussetzt,
- § 1371 II analog (Wortlaut „überlebender Ehegatte"? würde vergleichbare Interessenlage voraussetzen. Der ZGA soll aber den überlebenden Ehegatten, nicht die Erben schützen ⇨ kein Bedürfnis für Analogie! (str.!)

⇨ kein solcher Anspruch!

Was ist unter dem Voraus und dem Dreißigsten zu verstehen?
Wie sind diese rechtlich einzuordnen?

↳ ErbR: Karteikarte Nr. 22

Voraus, § 1932	Dreißigster, § 1969
Anspruch auf die zum ehelichen Haushalt gehörenden Gegenstände bei gesetzl. Erbrecht des überlebenden Ehegatten. Eingeschr. bei Erbe neben Verwandten 1. Ordnung	Anspruch von Familienangehörigen auf Unterhalt und Wohnungsnutzung bis 30 Tage nach dem Erbfall, sofern mit Erblasser in einem Haushalt gelebt und von ihm Unterhalt bezogen

Einordnung: Voraus und Dreißigster sind gesetzliche Vermächtnisse (§§ 1932 II, 1969 II), geben also einen schuldrechtl. Anspruch gegen die Erbengemeinschaft, § 2174

Welche Stationen in der erbrechtlichen Anerkennung nichtehelicher Kinder sind Ihnen bekannt?

↳ ErbR: Karteikarte Nr. 24

Erbrechtl. Stellung nichtehelicher Kinder

Nur Erbfolge nach **Vater** problematisch, bzgl. Mutter Gleichbehandlung mit ehel. Kindern!

bis zum 01.07.1970	§ 1589 II a.F.: nichtehel. Kind galt als mit dem Vater nicht verwandt ⇨ **kein** gesetzl. ErbR
ab 01.07.1970	• NEhelG; Streichung des § 1589 II • sofern nichtehel. Kind nur mit Ehefrau und / oder ehel. Kindern zusammentraf, nur Erbersatzanspruch = schuldrechtl. Anspruch gg. Erbengemeinschaft, §§ 1934a ff. BGB a.F:
ab 01.04.1998	vollständige Gleichbehandlung mit ehel. Kindern, (zunächst Ausnahme, wenn vor dem 01.07.1949 geboren (dann kein Erbrecht), mittlerweile vollständig gleichgestellt)

Welche Arten der Verfügungen von Todes wegen gibt es?

Gewillkürte Erbfolge / Allgemeines

ErbR, Rn. 51

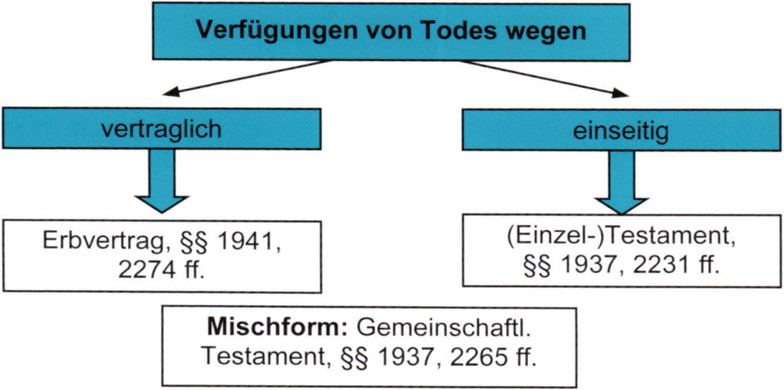

In welchem Umfang ist eine Bestimmung der Person des Erben durch einen Dritten zulässig?

↳ ErbR: Karteikarte Nr. 30

§ 2065 II

Hintergrund: Unzulässigkeit der Stellvertretung, § 2064; Willensbildung darf nur beim Erblasser liegen

frühere Auffassung (RG)

Bestimmung durch Dritten ist zulässig, wenn

- eng begrenzter Personenkreis sowie
- sachliche Auswahlkriterien vorgegeben sind

⇨ keine willkürliche Entscheidung des Dritten möglich

heutige Auffassung (BGH)

Dritter darf allenfalls noch *Bezeichnung* vornehmen: Erbe muss durch jeden beliebigen Dritten genau ermittelbar sein

Entscheidend: Kein subjektiver Spielraum für den Dritten

Nennen Sie die Wirksamkeitsvoraussetzungen eines Testaments i.S.d. §§ 2231 ff. BGB!

ErbR: Karteikarte Nr. 27

Testament, §§ 2064 ff.

(1)	Höchstpersönliche Errichtung, §§ 2064 ff.
(2)	Testierfähigkeit, § 2229
(3)	Form
	ordentliches Testament: §§ 2247, 2231 Nr. 2 oder §§ 2232, 2231 Nr. 1; außerordentliches Testament, §§ 2249-2251
(4)	Testierwille, § 133
(5)	kein Widerruf, keine Anfechtung, keine sonst. rechtshindernden Einwendungen (z.B. § 138)

Ab welchem Alter ist jemand testierfähig?

↳ ErbR: Karteikarte Nr. 28

Testierfähigkeit

Testament	§ 2229 I: Vollendung des 16. Lebensjahres; jedoch durch Minderjährigen nur Errichtung eines *öffentl.* Testaments möglich, §§ 2247 IV, 2233 I
Erbvertrag	§ 2275: Als Erblasser kann einen Erbvertrag nur schließen, wer **voll** geschäftsfähig ist ⇨ kein Abschluss durch Minderjährigen als Erblasser möglich

Welches sind die Formanforderungen an ein eigenhändiges Testament?

↳ ErbR, Rn. 56 ff.

Form des eigenhändigen Testaments,
§ 2247 I

eigenhändig geschrieben — und — eigenhändig unterschrieben

nicht erforderlich:

Zeit- / Ortsangaben, § 2247 II; spielen v.a. für die Frage eine Rolle, welches von mehreren Testamenten das Frühere ist, §§ 2247 V, 2258! Zudem relevant i.R.d. § 2229

Kann ein eigenhändiges Testament mit Schreibmaschine oder Computer abgefasst werden? Ist es zulässig, dass sich der Erblasser beim Schreiben die Hand führen lässt?

Gewillkürte Erbfolge / Testament

↳ ErbR, Rn. 56 f.; ErbR: Karteikarte Nr. 31

Maschinelle Erstellung des Testaments	Testament muss eigenhändig geschrieben sein, und zwar vollständig ⇨ maschinelle Erstellung unzulässig

Führen der Hand	Unzulässig! Ausnahme denkbar wenn ErbL wg. Gebrechlichkeit auf fremde Hilfe angewiesen. Dabei aber Willensherrschaft des ErbL erforderlich! Dann zulässiges bloßes Stützen der Hand

Welchem Zweck dient das Erfordernis der eigenhändigen Unterschrift, § 2247 I BGB?

Gewillkürte Erbfolge / Testament

ErbR 23

↳ ErbR, Rn. 56

Eigenhändige Unterschrift, § 2247 I

Identitätsfunktion

Urheberschaft des Erblassers muss feststellbar sein; Schutz vor Fälschungen

§ 2247 III setzt aber nicht zwingend Unterschrift mit Vor- und Familiennamen voraus!

Abschlussfunktion

Durch Unterschrift wird Testamentsurkunde räumlich abgeschlossen

⇨ Schutz des Rechtsverkehrs vor nachträgl. Zusätzen durch Dritte

Sind Zusätze unterhalb der Unterschrift (postscripta) zulässig?

ErbR: Karteikarte Nr. 32

Zulässigkeit von postscripta

Problematisch nur, wenn Zusatz neue Verfügung enthält; anderenfalls nur Heranziehung zur Auslegung

e.A.	a.A.
Zulässigkeit (+), wenn räuml. Erscheinungsbild der Urkunde nicht entgegensteht **und** Verfügung nach Willen des Erblassers von Unterschrift gedeckt sein soll	Zulässigkeit (-) wg. Abschlussfunktion; Zusatz müßte erneut unterschrieben worden sein!

In welchen Schritten ist die Auslegung testamentarischer Verfügungen vorzunehmen?

↳ ErbR, Rn. 63 ff.

Testamentsauslegung

1. Schritt	Ermittlung des Erblasserwillens (§ 133, **nicht** § 157), (Form-)Grenze der Andeutungstheorie beachten	• tatsächlicher Wille • hypothetischer Wille (sehr großzügig, da § 157 nicht gilt; Grenze aber: Andeutungstheorie, vgl. im Folgenden)
2. Schritt	Sofern **Zweifel** verbleiben: Heranziehung gesetzlicher Auslegungsregeln	• §§ 2066-2076 • §§ 2087-2099 • §§ 2101-2110 etc. Unbedingt aber **Subsidiarität** ggü. Auslegung nach 1. Schritt beachten!

Nehmen Sie zur sog. Andeutungstheorie Stellung!

↳ ErbR: Karteikarte Nr. 39

Ganz h.M.: Andeutungstheorie

Auslegung nach Schritt 1 (s.o.) nur, wenn der fragl. Erblasserwille zumindest andeutungsweise in der Testamentsurkunde zum Ausdruck kommt, sonst formnichtig

pro	contra
• Rechtssicherheit; Wahrung der strengen Formvorschriften • v.a.: Würde Erblasserwille ohne Einschränkungen berücksichtigt, wäre Anfechtung nach §§ 2078, 2079 entbehrlich	• Überbewertung zufälliger Äußerungen, Wortklauberei • führt eher zur Rechtsunsicherheit • der weitschweifige Erblasser würde i.E. privilegiert werden

Auf welche Weise kann ein Testament (bzw. einzelne darin enthaltene Verfügungen) widerrufen werden?

↳ ErbR: Karteikarte Nr. 34

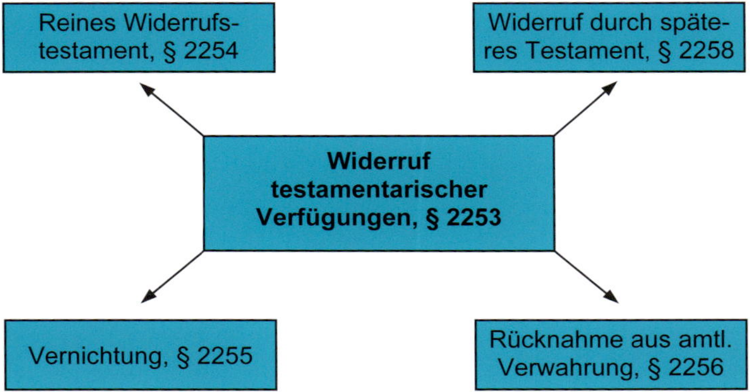

Kann ein Widerruf nach § 2255 BGB
auch wirksam durch Dritte
vorgenommen werden?

↳ ErbR: Karteikarte Nr. 35

Widerruf gem. § 2255 bei Vernichtung durch Dritte

Dritter handelt auf Anweisung des Erblassers	ErbL kann sich beim Widerruf eines „Werkzeugs“ bedienen: Dritter muss sich dem Willen des Erblassers unterordnen ⇨ zulässig
Dritter handelt aus eigenem Antrieb	Kein Widerruf nach § 2255 BGB (Wortlaut!), nachtr. Genehmigung durch ErbL **nicht** möglich, da Vernichtung weder WE (§ 184 analog) noch Verfügung (§ 185 II analog), sd. Realakt

Wird ein durch Zerreißen der Testamentsurkunde widerrufenes Testament durch Zusammenkleben wieder wirksam?

↳ ErbR, Rn. 76

Durch Zerreißen mit Widerrufsabsicht wurde Testament wirksam nach § 2255 S.1 widerrufen

↓

Bloßes Zusammenkleben, ohne neue Unterschrift erfüllt nicht die Voraussetzungen einer neuen Testamentserrichtung, § 2247; allenfalls: Widerruf des Widerrufs. Dieser ist aber nur bei Widerruf durch *Testament*, nicht durch Vernichtung möglich, § 2257

Kann eine testamentarische Verfügung durch einen nicht unterschriebenen Annulierungsvermerk widerrufen werden?

↳ ErbR: Karteikarte Nr. 36

(Nicht unterschriebener) Annulierungsvermerk
Mangels Unterschrift kommt kein Widerruf durch Widerrufstestament (§§ 2254, 2247 I), sondern nur nach § 2255 S.1 in Betracht

e.A.: § 2255 S.1 (-)	h.M.: § 2255 S.1 (+)
„Veränderung“ setzt Änderung des bisherigen Urkundentextes voraus, bei Annulierungsvermerk (-)	Durch Vermerk kommt Widerrufsabsicht ausreichend objektiv zum Ausdruck; anderenfalls würde dem ErbL-Willen nicht weitestmöglich gefolgt werden

Genügt es für einen Widerruf, wenn der Erblasser von zwei gleichlautenden Tetstamentsurkunden eine i.S.v. § 2255 BGB vernichtet?

ErbR: Karteikarte Nr. 37

Zunächst klären: *Zwei* Testamente? I.d.R. ein Testament, eine Abschrift; Kriterium = Testierwille. Problem stellt sich nur, wenn wirklich *zwei* Testamente vorliegen.

⬇ ⬇

H.M. erkennt Widerruf *beider* Testamente durch Vernichtung *einer* Urkunde an; Frage des Umfangs der Widerrufsabsicht.
dagegen: Ein Widerruf durch Vernichtung einer *anderen* Urkunde ist in den abschließenden §§ 2253-2258 nicht geregelt; h.M. verkennt, dass es sich um *zwei* selbständige Testamente handelt! ⇨ Widerruf bzgl. des „unversehrten" Testaments (-)!

Wie lässt sich ermitteln, ob der Erblasser den Bedachten als Erben einsetzen oder ihm ein Vermächtnis zuwenden wollte?

Gewillkürte Erbfolge / Testament

↳ ErbR: Karteikarte Nr. 47

Auslegung nach dem tatsächlichen / hypothetischen Erblasserwillen im Rahmen der Andeutungstheorie; *hilfsweise* Heranziehung der Auslegungsregeln § 2087 I und II

Erbeinsetzung	Vermächtnis, §§ 2147 ff.
Erbe rückt allein / mit anderen Erben in Vermögen des ErbL nach, bzgl. Aktiva und Passiva	Bedachter erhält ledigl. schuldrechtl. Anspruch gg. Erbengemeinschaft, § 2174
Indizien: • Bedachter soll Gesamtvermögen oder best. Bruchteil erhalten • Bedachter soll Einzelgegenstand erhalten, der wesentl. Teil des GesamtVerm. ausmacht • Bedachter soll unm. am Nachlass berechtigt werden	**Indizien:** • Einzelgegenstand zugewendet, der geringen Teil des Gesamtvermögens ausmacht • Bedachter soll Passiva des Nachlasses nicht tragen müssen

Nennen Sie die allgemeinen Voraussetzungen der wirksamen Anfechtung eines Testaments!

↬ ErbR: Karteikarte Nr. 49

Testamentsanfechtung

(1)	Anfechtungs**grund**: §§ 2078 I, II, 2079
(2)	Anfechtungs**berechtigung**: § 2080
(3)	Anfechtungs**frist**: § 2082 (1 Jahr ab Kenntnis, max. 30 Jahre)
(4)	Anfechtungs**erklärung** ggü. richtigem Anfechtungs**gegner**: Bzgl. den in § 2081 I genannten Verfügungen ggü. Nachlassgericht; i.ü. bleibt es bei § 143 IV 1 (z.B. Anordnung eines Vermächtnisses)

Stellt die Anfechtung das vorrangige Mittel dar, um dem Erblasserwillen zur Durchsetzung zu verhelfen?

↳ ErbR, Rn. 77

Auslegung

Nach dem

- tatsächlichen
  und
- hypothetischen Erblasser-
  willen

Grenze:
Andeutungstheorie, s.o.

→

Anfechtung

§§ 2078 ff.

Keine Einschränkung durch AndeutungsTh.

Auf die Anfechtung ist *erst* einzugehen, wenn dem Erblasserwillen nicht schon durch *Auslegung* zur Durchsetzung verholfen werden konnte

Sound: Auslegung *vor* Anfechtung!

Welche Anfechtungsgründe berechtigen zur Testamentsanfechtung?

↳ ErbR, Rn. 81 ff.

Anfechtungsgründe,
(§§ 119 ff. unanwendbar)

§ 2078 I	**§ 2078 II**	**§ 2079**
Erklärungs- und Inhaltsirrtum; entspricht im wesentl. **§ 119 I**	• Anders als bei § 119 II berechtigt *jeder* kausale Motivirrtum bei Testamentserrichtung zur Anfechtung; damit bedarf argl. Täuschung (§ 123 I 1.Alt.) keiner gesonderten Erwähnung • Drohung, entspricht § 123 I 2.Alt.	Übergehen eines unbekannten bzw. noch nicht geborenen Pflichtteilsberechtigten, sofern Irrtum kausal (§ 2079 S.2)

Ist für eine Anfechtung nach § 2078 II BGB eine konkrete, aktuelle Fehlvorstellung des Erblassers im Zeitpunkt der Testamentserrichtung erforderlich?

↳ ErbR: Karteikarte Nr. 51; ErbR, Rn. 82

Problematisch, ob „unbewusste Fehlvorstellungen" eine Erwartung des Nichteintritts eines Umstandes i.S.v. § 2078 II darstellen können

Bsp.: späterer Ehebruch der eingesetzten Ehefrau; oder: Straffälligwerden des eingesetzten Erben

↓

Solche Erwartungen, z.B. bzgl. der geschlechtl. Treue der eingesetzten Ehefrau, sind regelmäßig beim Erblasser *nicht aktualisiert* vorhanden: Es genügt nach h.M., dass der Erblasser von dem Nichteintritt des fragl. Umstandes im ZP der Testamentserrichtung als selbstverständlich ausgegangen ist!

Was sind die wesentlichen Unterschiede zwischen der Anfechtung nach §§ 119 ff. BGB und derjenigen nach §§ 2078 ff. BGB?

Gewillkürte Erbfolge / Testament

↳ ErbR: Karteikarte Nr. 50

§§ 119 ff.	§§ 2078 ff.
I.d.R. nur der Erklärende ist anfechtungsberechtigt	Erblasser beim Einzeltestament **nicht** anfechtungsberechtigt, da Mglk. des Widerrufs, §§ 2253 ff.
Motivirrtümer nur ausnahmsweise beachtlich, §§ 119 II, 123	(Kausale) Motivirrtümer immer beachtlich, § 2078 II
§ 122: Erklärender ist bei Irrtümern nach §§ 119 I, II, 120 SE-pflichtig	§ 122 **nicht** anwendbar, § 2078 III, da kein schutzw. Vertrauen Dritter
Anfechtungsgegner = Erklärungsempfänger bzw. Begünstigter, § 143	Anfechtungsgegner = grds. NL-Gericht, bei nicht in § 2081 I erwähnten Verfügungen Begünstigter, § 143 VI S.1

Welchen Umfang hat die Anfechtung nach den §§ 2078, 2079 BGB?

↳ ErbR: Karteikarte Nr. 52

Umfang der Testamentsanfechtung

§ 2078

Grds. nur bzgl. des Teils, der mit Irrtum behaftet ist, WL: „**soweit**"

- bei ***mehreren*** Verfügungen: übrige Verfügungen bleiben wirksam, §§ 2078, 2085
- bei ***einer*** (teilbaren) Verfügung bleibt i. Zw. Rest der Verfügung bestehen, §§ 2078, 2085 analog

(z.B.: ErbL verschreibt sich: 100.000 anstatt 10.000; Einsetzung zu 10.000 verbleibt!)

§ 2079

Grds. Gesamtnichtigkeit, da abweichender Wortlaut (kein „soweit" wie in § 2078; str.)
Diese Vermutung aber nach § 2079 S.2 („soweit") widerlegbar!

Wie ist die Beweislast für die Kausalität der Irrtümer nach den §§ 2078, 2079 BGB für die letztwillige Verfügung verteilt?

↳ ErbR: Karteikarte Nr. 52

Beweislast bzgl. Kausalität,
§§ 2078, 2079

§ 2078	§ 2079
Anfechtender muss Kausalität zw. Irrtum nach § 2078 I, II und Verfügung beweisen (= gewöhnliche **Beweislast-Verteilung**: jeder hat das für ihn günstige zu beweisen)	Kausalität wird gesetzl. vermutet, Wortlaut § 2079 S.2; Beweislast trifft den jeweiligen Klagegegner (**Beweislastumkehrung**!)

Wie ist zu prüfen, ob eine Anfechtungsberechtigung nach § 2080 I BGB besteht?

↳ ErbR, Rn. 78

Anfechtungsberechtigung nach § 2080 I BGB

= derjenige, dem die Aufhebung der fragl. Verfügung unmittelbar zustatten kommen würde

Also: Vergleich der jetzigen Rechtslage mit derjenigen bei ex-tunc-Nichtigkeit **(§ 142 I)** der angefochtenen Verfügung: Anfechtungsberechtigt ist, wer durch Anfechtung einen erbrechtl. Vorteil erhält, der ihm sonst nicht zustünde

↓

Im Rahmen der Anfechtungsberechtigung ist zu prüfen, welche erbrechtliche Stellung dem Anfechtenden im Falle der ex-tunc-Nichtigkeit der fragl. Verfügung zustünde: Inzidente Prüfung der gesetzl. Erbfolge bzw. sonstiger letztwilliger Verfügungen

(z.B. bei Anfechtung eines Widerrufstestaments, § 2258: Prüfung des *widerrufenen* Testaments!)

Unter welchen Voraussetzungen ist ein Erbvertrag wirksam?

↳ ErbR: Karteikarte Nr. 54

Erbvertrag

= Vertrag, der mindestens eine vertragsmäßige Verfügung von Todes wegen i.S.v. § 2278 enthält (dazu später)

(1)	**Höchstpersönlichkeit** seitens des *Erblassers*, § 2274
(2)	**Vertragsfähigkeit** des / der Erblasser(s): § 2275; für Vertragspartner, der nicht Erblasser ist, gelten §§ 104 ff.
(3)	**Form**, § 2276
(4)	Testierwillen und Bindungswillen des Erblassers, Vorliegen zumindest einer vertragsmäßigen Verfügung
(5)	Kein **Rücktritt**, kein **Aufhebungsvertrag**, keine **Anfechtung**, keine sonstigen **Einwendungen**

Welche Arten von Verfügungen von Todes wegen können in einem Erbvertrag getroffen werden?

Gewillkürte Erbfolge / Erbvertrag

↳ ErbR: Karteikarte Nr. 55

vertragsmäßige Verfügungen

Nur: Erbeinsetzungen, Vermächtnisse, Auflagen und Rechtswahl: § 2278 II

↓

- Bindungswirkung nach § 2289 (kein Widerruf nach den §§ 2253 ff.)
- Schutz des vertragsmäßig Bedachten, §§ 2287 f.

einseitige Verfügungen

Jede Verfügung, die auch durch Testament getroffen werden könnte, § 2299 I

↓

Keine Besonderheiten, es gelten Regelungen über testamentarische Verfügungen, § 2299 II

Zwischen welchen Arten von Erbverträgen kann hinsichtlich des Inhalts differenziert werden?

Gewillkürte Erbfolge / Erbvertrag

↳ ErbR: Karteikarte Nr. 56

Arten von Erbverträgen

einseitiger ErbV	zweiseitiger ErbV	entgeltlicher ErbV
Nur *ein* Vertragspartner trifft vertragsmäßige Verfügungen	*Beide* Vertragspartner treffen vertragsmäßige Verfügungen, falls im Gegenseitigkeitsverhältnis § 2298	*Ein* Vertragspartner trifft vertragsmäßige Verfügungen, der andere verspricht eine Gegenleistung (z.B.: Pflege des ErbL o.ä.)

Welche Rechtsfolgen ergeben sich aus Leistungsstörungen der schuldrechtlichen Verpflichtung im Rahmen eines entgeltlichen Erbvertrages für die Verfügungen des Erblassers?

↳ ErbR: Karteikarte Nr. 56

Leistungsstörungen im entgeltl. Erbvertrag

§§ 320 ff. nicht anwendbar, da kein Vertrag mit gegenseitigen *schuldrechtl.* Verpflichtungen

Nachtr. Unmöglichkeit

Auf schuldrechtl. Verpflichtung ist § 275 anzuwenden
Erblasser hat RücktrittsR nach § 2295

Sonstige Leistungsstörungen

ErbL kann seine Verfügung durch Anfechtung wg. Motivirrtums nach den §§ 2281, 2078 II beseitigen bzw. nach §§ 2294 f. zurücktreten, evtl. nach Aufhebung der schuldrechtlichen Verpflichtung, § 313

Wie lässt sich feststellen, ob im Rahmen eines Erbvertrages eine vertragsmäßige oder eine einseitige Verfügung vorliegt?

ErbR, Rn. 92

Ob eine einseitige oder eine vertragsmäßige Verfügung vorliegt (problematisch nur bei Verfügungen i.S.d. § 2278 II), ist durch Auslegung zu ermitteln: aufgrund des Vertragscharakters Auslegung nach dem obj. Empfängerhorizont, §§ 133, 157!

↓

Zu ermitteln ist, ob die **Rechtsfolgen** einer vertragsmäßigen Verfügung (Bindungswirkung § 2289, Schutz des Bedachten nach §§ 2287 f.) **gewollt sind**; anderenfalls liegt eine einseitige Verfügung von Todes wegen vor.

Ist eine Veräußerung von Vermögensgegenständen, die ein Erblasser ohne Zustimmung des Vertragserben vornimmt, nichtig?

↳ ErbR: Karteikarte Nr. 57

§ 2289 I S.2 ist nur auf Verfügungen *von Todes wegen* anwendbar; jedoch wäre an eine Nichtigkeit nach § 138 zu denken, da hierdurch die bindende Erbeinsetzung des Vertragserben ausgehöhlt zu werden droht (so früher BGH; „Aushöhlungsnichtigkeit)

↓

Aber: Schutz des Vertragserben in § 2287 geregelt; außerdem steht § 2286 einer solchen Ansicht entgegen: Der Erblasser bleibt ohne Beschränkung zu Verfügungen zu Lebzeiten berechtigt!

Wann liegt Beeinträchtigungsabsicht i.S.v. § 2287 BGB vor?

↳ ErbR, Rn. 97

Beeinträchtigungsabsicht, § 2287 I

Frühere Rspr.: Benachteiligung des Vertragserben muss tragendes Motiv der Schenkung gewesen sein; problematisch dabei: Beweisführung

Heutige h.M.: Beeinträchtigungsabsicht (+), wenn ErbL kein beachtenswertes lebzeitiges Eigeninteresse an der Schenkung hat

Beeinträchtigungsabsicht z.B. (-), wenn ErbL sich durch Schenkung seine Versorgung im Alter sichern will; (+), wenn ErbL einzig die bindende Verfügung von Todes wegen korrigieren will

Schließt die formlose Zustimmung des vertragsmäßig bedachten Vertragspartners die Unwirksamkeit beeinträchtigender Verfügungen von Todes wegen nach § 2289 I S.2 BGB aus?

↳ ErbR: Karteikarte Nr. 59

§ 2289 I S.2 bei formloser Zustimmung des bedachten Vertragspartners?

e.A.: § 2289 I S.2 (-)

denn: Norm dient dem Schutz des vertragsmäßig Bedachten; dieser kann auf Schutz durch Zustimmung verzichten:
„volenti non fit iniuria“!

h.M.: § 2289 I S.2 (+)

- Schutz des Bedachten vor unüberlegten Äußerungen
- Formstrenge des ErbR, Rechtssicherheit

daher: Zustimmung nur in Form der Aufhebung des ErbV möglich: § 2290 IV, bei Vermächtnis / Auflage: § 2291 II, durch gem. Testament: § 2292

aber: formwidrige Zustimmung kann dennoch Arglisteinwand nach § 242 auslösen!

Auf welche Weise kann die Bindungswirkung vertragsmäßiger Verfügungen beseitigt werden?

↳ ErbR: Karteikarte Nr. 60

Beseitigung vertragsmäßiger Verfügungen

- **Aufhebung** durch Vertragspartner: §§ 2290 - 2292
- **Anfechtung** durch ErbL (§§ 2281 ff.) oder Dritte (§ 2285 i.V.m. §§ 2078 ff.)
- Abschluss eines widersprechenden **ErbV**, § 2258 I
- **Rücktritt**, §§ 2293-2297
- Inanspruchnahme eines **Änderungsvorbehalts** im Erbvertrag
- Formgültige **Einwilligung**, vgl. KK Nr. 48

Kann der Erblasser (bei Vorliegen eines Anfechtungsgrundes) alle von ihm in einem Erbvertrag getroffenen Verfügungen von Todes wegen anfechten?

ErbR: Karteikarte Nr. 61

Vertragsmäßige Verfügungen

Können vom ErbL angefochten werden, § 2281 I; Anfechtungsrecht Dritter richtet sich nach den §§ 2078 ff. mit der Besonderheit des § 2285 bzgl. der Anfechtungsfrist

↕

Einseitige Verfügungen

Denkbar, dass auch hier §§ 2281 ff. gelten, Wortlaut steht nicht entgegen; aber: ErbL hat zu Lebzeiten Mglk. des Widerrufs nach §§ 2299 II S.1, 2253 ff., kein Bedürfnis für Anfechtung! Daher Anfechtung durch ErbL **nicht möglich bzw. nicht nötig**.

Was sind die Grundvoraussetzungen für das Vorliegen eines gemeinschaftlichen Testaments?

↳ ErbR, Rn. 101

Es muss sich um ein Testament von Eheleuten handeln. Verlobte oder die Partner einer nichtehelichen Lebensgemeinschaft reichen nicht aus, anders Lebenspartner, § 10 IV LPartG.

subj. Element	+	**obj. Element**
Wille der Eheleute, gemeinschaftl. zu testieren		Dieser Wille muss obj. zum Ausdruck kommen; (+), wenn eine Urkunde errichtet; bei zwei Urkunden muss Wille zum gemeinschaftl. Testieren in beiden Urkunden zumindest angedeutet sein

Welches sind die Wirksamkeitsvoraussetzungen eines solchen gemeinschaftlichen Testaments?

ErbR: Karteikarte Nr. 62

Wirksamkeitsvoraussetzungen

(1)	**Testierfähigkeit** (§§ 2229 ff.); **Testierwille**
(2)	Errichtung nur von **Ehegatten** und Lebenspartnern möglich, § 2265 bzw. § 10 IV LPartG
(3)	**Höchstpersönlichkeit**, §§ 2064, 2065
(4)	**Form**: wie Einzeltestament; *Erleichterungen* nach §§ 2266, 2267
(5)	Kein **Widerruf**, keine **Anfechtung**, keine sonstigen (rechtshindernden / rechtsvernichtenden) **Einwendungen**

Ist ein vom Partner einer nichtehelichen Lebensgemeinschaft errichtetes gemeinschaftliches Testament wirksam?

§§ 2265 ff. gelten **nur** für **Eheleute**; für Partner einer NeLG auch keine analoge Anwendung mangels Vergleichbarkeit mit Ehe
Jedoch evtl. Umdeutung (§ 140) in Einzeltestamente möglich

Bzgl. wechselbezgl. Verfügungen str., ob diese in einseitige Verfügungen im Rahmen eines Einzeltestaments umgedeutet werden können; nach e.A. immer (-)
a.A.: nicht generell zu verneinen, jedoch sorgfältig hyp. Willen der Erblasser prüfen, da Rechtsfolgen der §§ 2270 f. nicht erreichbar!

Bzgl. einseitiger Verfügungen (+), wenn **Form** des Einzeltestaments (v.a. § 2247) eingehalten; bei Errichtung nach § 2267 nur für *ein* Testament der Fall

Handelt es sich um ein redaktionelles Versehen, dass das gemeinschaftliche Testament in den §§ 1937-1941 BGB nicht erwähnt ist?

↳ ErbR, Rn. 101

Nichterwähnung in §§ 1937-1941 wäre nur dann redaktionelles Versehen, wenn das gem. Testament ggü. Erbvertrag und Einzeltestament ein **Aliud** darstellen würde, also **eine gesonderte Form** der Verfügung von Todes wegen

↓

Beim gem. Testament handelt es sich um zwei *einseitige* Testamente, wobei sich aus der Gemeinschaftlichkeit der Errichtung in den §§ 2265 ff. einige Besonderheiten ergeben.

Damit: Gem. Testament ist in § 1937 miterwähnt, ein redaktionelles Versehen liegt nicht vor

Kann ein Ehegatte seine wechselbezüglichen Verfügungen widerrufen?

↳ ErbR: Karteikarte Nr. 65

Widerruf wechselbezüglicher Verfügungen

Zu Lebzeiten beider Ehegatten	• einseitiger Widerruf nur durch not. beurkundete Erklärung ggü. dem Ehegatten, §§ 2271 I S.1, 2296 • durch gemeinschaftl. Handeln ist Widerruf nach den §§ 2253 ff. möglich, § 2271 I S.2
Nach dem Tod eines Ehegatten → Bindungswirkung tritt ein, vergleichbar mit Erbvertrag (§ 2289 I)	• keine *freie* Widerruflichkeit, § 2271 II S.1 Hs. 1 • Aufhebung der eigenen Verfügung bei Ausschlagung des ihm Zugewendeten, § 2271 II S.1 HS. 2 • Aufhebung nach §§ 2271 II S.2, 2294, 2336 sowie § 2271 III

Steht einem Ehegatten die Möglichkeit zu, seine wechselbezüglichen Verfügungen anzufechten? Rechtsfolge?

↳ ErbR: Karteikarte Nr. 66

Anfechtung durch Erblasser beim gemeinschaftl. Testament

Anfechtung kommt nur in Betracht, wenn freie Widerrufsmöglichkeit nicht (mehr) besteht.
Deshalb: ErbL kann *wechselbezügliche* Verfügungen **nach dem Tod** des anderen Ehegatten anfechten, da Bindungswirkung nach § 2271 II mit der Situation bei vertragsmäßigen Verfügungen im Erbvertrag vergleichbar: Anfechtung nach §§ 2281, 2078 f. analog

Rechtsfolge: ex-tunc-Nichtigkeit der *eigenen* wechselbzgl. Verfügung, § 142 I; damit aber auch ex-tunc-Nichtigkeit der wechselbzgl. Verfügung des erstverstorbenen Ehegatten, § 2270 I a.E.!

Was ist unter einem Berliner Testament zu verstehen? Welchen Inhalt hat die sog. Einheitslösung?

↳ ErbR: Karteikarte Nr. 67

Berliner Testament

In gem. Testament setzen sich Ehegatten gegenseitig als Erben ein, wobei nach dem Tode des Letztversterbenden der *beiderseitige* Nachlass an einen Dritten (i.d.R. Kinder) fallen soll, vgl. § 2269 I

1. Möglichkeit: Einheitslösung

- Tod des Erstversterbenden: überlebender Ehegatte wird (Voll-)Erbe, beide Vermögensmassen vereinigen sich (daher *Einheits*lösung)
- Tod des Letztversterbenden: Dritter (z.B. Kind(er)) als Vollerbe des *Letzt*versterbenden, erbt gesamte Vermögensmasse und damit auch das, was der *Erst*versterbende dem *Letzt*versterbenden vererbt hat.

Konstruktion: Wechselbezgl. ggs. Erbeinsetzung; wechselbzgl. Einsetzung des Dritten als Ersatzerben (i.S.v. 2096)

Was ist unter der sog. Trennungslösung zu verstehen? Welche der beiden Lösungsmöglichkeiten gilt im Zweifel?

↳ ErbR: Karteikarte Nr. 67

2. Möglichkeit: Trennungslösung

- Tod des Erstversterbenden: überlebender Ehegatte wird Vorerbe, der Dritte Nacherbe; Nacherbfall = Tod des Letztversterbenden (vgl. § 2106)
- Erbfolge nach dem letztversterbenden Ehegatten: Dritter als Vollerbe

Damit: Beide Vermögensmassen bleiben *getrennt* (daher Trennungslsg.)

Konstruktion: • bedingte (wechselbezgl.) ggs. Einsetzung als Vorerbe, des Dritten als Nacherben, unter der Bedingung des *eigenen* Erstversterbens; §§ 2100 ff.

- bedingte (wechselbezgl.) Einsetzung des Dritten als Vollerben unter Bedingung des *Erst*versterbens des *anderen* Ehegatten

→ im Zweifel gilt Einheitslösung, § 2269 I; unbedingt aber zunächst Auslegung nach dem tatsächlichen / hypothetischen Willen der Eheleute durchführen!!

Aus welchen Gründen kann sich die Trennungslösung als interessengerecht darstellen?

↳ ErbR, Rn. 107 ff.

- Bei Einheitslösung ist Dritter bzgl. des ersten Erbfalles enterbt, kann nach §§ 2303 ff. **Pflichtteil** verlangen. Bei Trennungslösung ist er als Nacherbe *nicht* enterbt, kann Pflichtteil **nur** fordern, wenn er Nacherbschaft **ausschlägt**, § 2306 II

- Bei Einheitslösung Pflichtteil der nichtehelichen Kindes des längerlebenden Ehegatten auch aus Vermögen des Vorverstorbenen!

- Letztversterbender Ehegatte unterliegt als Vorerbe v.a. der Beschränkung des § 2113; dadurch Schutz des Dritten bzgl. des Nachlasses des erstversterbenden Ehegatten!

Wie kann verhindert werden, dass bei der Einheitslösung nach dem Tod des erstversterbenden Ehegatten der Dritte den Pflichtteil fordert?

↳ ErbR: Karteikarte Nr. 68

Problem: Ist der Dritte pflichtteilsberechtigt, steht ihm bei der Einheitslösung nach dem ersten Erbfall ein Pflichtteilsanspruch gegen den allein erbenden überlebenden Ehegatten zu (vgl. vorige KK), § 2303

Lösung:

- Vereinbarung eines Pflichtteilsverzichts zwischen Ehegatten und Drittem bzgl. des Pflichtteils (vor dem ersten Erbfall), § 2346 II
- oder: der Dritte wird durch überlebenden Ehegatten **nur dann** zum Vollerben eingesetzt, **wenn** er bzgl. des ersten Erbfalls den Pflichtteilsanspruch nicht geltend macht (konstruktiv durch auflösende Bedingung, § 158 II), so. Pflichtteilsstraf-klausel

Was ist unter einer Wiederverheiratungsklausel im Rahmen eines Berliner Testaments zu verstehen?
Welche konstruktiven Möglichkeiten bestehen?

↳ ErbR: Karteikarte Nr. 69

Wiederverheiratungsklausel

z.B.: „Heiratet der Überlebende erneut, fällt der Nachlass des Erstverstorbenen an die Kinder".

Einheitslösung

Nach h.M. ist der überlebende Ehegatte auflösend bedingter Vollerbe und aufschiebend bedingter Vorerbe; Bedingung ist die Wiederheirat.
Wenn Bedingung eintritt, unterliegt überlebender Ehegatte nach h.M. *ex tunc* den Beschränkungen nach §§ 2113 ff., sofern keine Befreiung nach § 2136

Trennungslösung

Abweichend von § 2106 ist Nacherbfall i.S.v. § 2139 die Wiederheirat:
Überlebender Ehegatte verliert seine Vorerbenstellung; die Kinder werden vom Nacherben zum Vollerben nach dem Erstverstorbenen.

Kann ein Ehegatte, nachdem er nach dem Tod des anderen Ehegatten erneut geheiratet hat, die wechselbezügliche Erbeinsetzung der Kinder nach §§ 2281, 2079 BGB analog anfechten, wenn im gemeinschaftlichen Testament eine Wiederverheiratungsklausel vereinbart wurde?

ErbR, Rn. 110

Zwar hat der überlebende Ehegatte seinen neuen Ehegatten als Pflichtteilsberechtigten (§ 2303 II) i.S.v. § 2079 S.1 übergangen.

Aber: Durch Wiederverheiratungsklausel kommt zum Ausdruck, dass die testierenden Eheleute sich der Möglichkeit einer erneuten Heirat bewusst waren; es fehlt also an einem für die Erbeinsetzung der Kinder kausalen Irrtum, § 2079 S.2. Damit Anfechtung insoweit (-)!

Was ist unter einem Ersatzerben zu verstehen?
Wann tritt der sog. Ersatzfall ein?

↳ ErbR, Rn. 112

Ersatzerbschaft

Ersatzerbe wird für den Fall bestimmt, dass ein Erbe vor oder nach dem Erbfall wegfällt, vgl. § 2096: Ersatzerbe also unter der Bedingung zum Erben eingesetzt, dass der Erstberufene nicht Erbe wird.

Ersatzfälle:

Wegfall vor dem Erbfall

- Vorversterben des Erstberufenen, vgl. § 1923 I
- Erbverzicht, § 2352
- Nichtigkeit der Erbeinsetzung

Wegfall nach dem Erbfall

beachten: Erstberufener darf *nie* Erbe geworden sein!

- Anfechtung, § 142 I
- Ausschlagung, § 1953
- Erbunwürdigkeit, § 2344

Worin besteht der wesentliche Unterschied zwischen Vor- / Nacherbschaft und Ersatzerbschaft?

Gewillkürte Erbfolge / Ersatzerbschaft **ErbR 64**

↳ ErbR, Rn. 112

Ersatzerbschaft

Erstberufener und Ersatzerbe erben **alternativ**: Ersatzerbe wird nur Erbe, wenn Erstberufener nicht Erbe wird

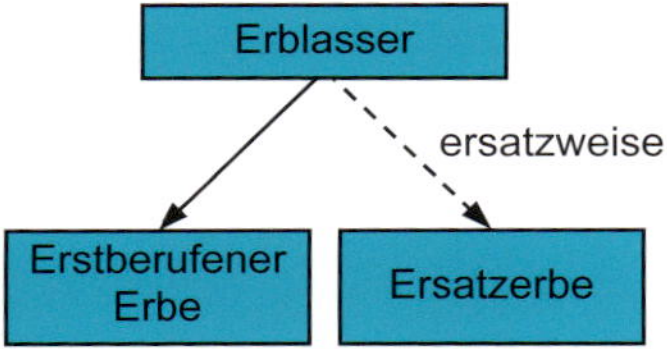

Vor- / Nacherbschaft

Vor- und Nacherbe erben nacheinander, also **kumulativ**: Mit dem Erbfall erhält Vorerbe das Vermögen; der Nacherbe wird Vollerbe mit dem Nacherbfall, § 2139

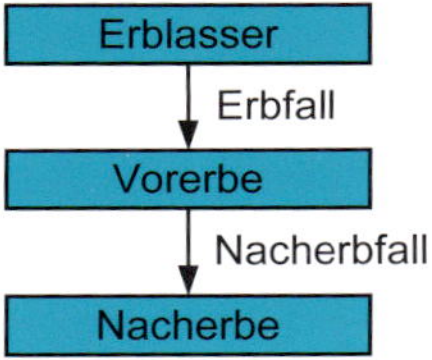

Wie ist die erbrechtliche Rechtslage bei angeordneter Vor- und Nacherbschaft, wenn

a) der Nacherbe vor dem Erbfall

b) zwischen Erb- und Nacherbfall stirbt?

ErbR: Karteikarte Nr. 71

Rechtsfolgen des Versterbens des Nacherben

Vor dem Erbfall

Nacherbe erlangt wg. Vorversterben **kein** Nacherbenrecht, das evtl. auf seine Erben übergehen könnte.
Vielmehr: Vorerbe wird Vollerbe, es sei denn, es ist ein Ersatznacherbe bestimmt. Auslegungsregel des § 2069 ist hierbei anwendbar

Zw. Erb- und Nacherbfall

- Nacherbe hat NacherbenR erlangt, dieses geht auf Erben des Nacherben über, sofern nicht anderer ErbL-Wille anzunehmen ist, § 2108 II S.1
- Die Auslegungsregel des § 2069 tritt dabei hinter diejenige des § 2108 II S.1 zurück (str.)

Inwieweit unterliegt die Verfügungsbefugnis des Vorerben über Nachlassgegenstände Beschränkungen?

↳ ErbR, Rn. 120

Verfügungsbefugnis des Vorerben

Grds. Verfügungsbefugnis (+), § 2112 HS. 1; Ausnahmen:

§ 2113 I	§ 2113 II	§ 2114	§ 2115
Verfügungen über **Grundstück**, Grundstücksrecht, Schiff / Schiffsbauwerk	**Unentgeltliche** Verfügungen	Sonderregelungen bzgl. Hypthekenforderungen, Grund- und Rentenschulden	Sonderregelungen bzgl. Verfügungen in ZV, Arrest, Verfügungen durch Insolvenzverwalter

Befreiung möglich, § 2136 (für § 2113 I und § 2114)

Kann ein gutgläubiger Erwerber von einem Vorerben ein Grundstück aus dem Nachlass erwerben? Wenn ja, wie kann der Nacherbe dies verhindern?

ErbR: Karteikarte Nr. 74

Über **§ 2113 III** ist § 892 I S.2 entsprechend anwendbar; damit kann die absolute (!) Verfügungsbeschränkung des § 2113 I gutgläubig nach den §§ 2113 III, 892 I S.2 überwunden werden.

↓ Schutz des Nacherben ↓

Öfftl. Glaube des Grundbuchs wird durch von Amts wegen einzutragenden **Nacherbenvermerk** (§ 51 GBO) ausgeschlossen; dessen Eintragung kann der Nacherbe auch beantragen
Ferner steht ihm die Mglk. der Erwirkung eines Widerspruchs (§ 899) gegen die fehlende Eintragung des Nacherbenvermerks zu

Wann liegt Unentgeltlichkeit i.S.v. § 2113 II S.1 BGB vor?

ErbR: Karteikarte Nr. 75

Unentgeltlichkeit i.S.v. § 2113 II S.1

Objektives Element

Eine in den Nachlass zu erbringende Gegenleistung fehlt völlig bzw. ist nicht gleichwertig (*geringe* Abweichungen der Wertverhältnisse aber unschädlich)

+

Subjektives Element

Der Vorerbe muss wissen bzw. bei Aufbringung der erforderlichen Sorgfalt wissen müssen, dass obj. Unentgeltlichkeit gegeben ist.
Anders als bei §§ 516 ff. ist also keine Einigung über Unentgeltlichkeit nötig; Erwerber muss Unentgeltlichkeit weder kennen noch kennen müssen

Gilt die Verfügungsbeschränkung nach § 2113 I BGB auch für Verfügungen zwischen zwei Vorerben, die einer Vorerbengemeinschaft angehören?

↳ ErbR, Rn. 121

§ 2113 I auch bei Verfügung zwischen Vorerben (+), wenn hierdurch Recht des Nacherben beeinträchtigt wird
daher: (+), wenn Gegenstand dem Nachlass entzogen wird.

↓ ↓

Zwar fällt erworbene Gegenleistung (bzw. vor Erfüllung: die Gegen*forderung*) in den Nachlass, § 2111
Aber: Erworbener Nachlassgegenstand würde in das Privatvermögen des erwerbenden Vorerben geraten; da Nacherbe nicht Erbe des Vorerben, sondern des Erblassers, verlöre Nacherbe den Zugriff auf den veräußerten Gegenstand. Daher Beeinträchtigung (+), § 2113 I anwendbar!

Welche Ansprüche stehen dem Nacherben gegen den Vorerben nach dem Nacherbfall zu, wenn dieser vor Eintritt des Nacherbfalles Nachlassgegenstände beschädigt hat?

ErbR: Karteikarte Nr. 76

§§ 989, 990	(-), da im ZP der Schädigung kein EBV vorlag, Nacherbe wird erst mit Nacherbfall Eigentümer
§§ 280 ff., 2130	Herausgabeanspr. aus § 2130 begründet bereits vor Nacherbfall **gesetzl. Schuldverhältnis**; Beschädigung = Pflichtverletzung; Haftungsmaßstab §§ 2131, 277 beachten
§ 823 I	Mit Erbfall hat Nacherbe **AnwartschaftsR**; dieses ist sonstiges Recht i.S.v. § 823 I; §§ 2131, 277 ebenfalls anwendbar

Wie ist das Vermächtnis von der Erbeinsetzung oder der Anordnung einer Auflage abzugrenzen?

Vermächtnis

↳ ErbR: Karteikarte Nr. 77

Abgrenzung zur Erbeinsetzung	Vermächtnis bewirkt nur schuldrechtl. Anspruch gegen den / die Erben(gemeinschaft), § 2174; Erbeinsetzung bewirkt unmittelbare dingliche Beteiligung am Nachlass
⇕	
Vermächtnis	
⇕	
Abgrenzung zur Auflage	Auflage sieht nicht zwingend einen Begünstigten vor; vor allem: sie begründet *keinen* Anspruch des Begünstigten auf ihre Vollziehung, § 1940

Wie unterscheiden sich Vorausvermächtnis und Teilungsanordnung?

↳ ErbR: Karteikarte Nr. 78

Vorausvermächtnis, § 2150	⟷	**Teilungsanordnung, § 2048**
Bedachter ist zugleich Miterbe; er erhält Anspruch nach § 2174 gegen die Miterbengemeinschaft, der er selbst angehört		= Anordnung des Erblassers, wie die Erbengemeinschaft auseinandergesetzt werden soll, wer also welche Einzelgegenstände erhält **Daher:** Wert des fragl. Gegenstandes wird auf Erbteil angerechnet
Wert des zugewendeten Gegenstandes wird *nicht* auf Erbteil angerechnet, vielmehr wird Nachlass nach dessen Abzug (= Nachlassverbindlichkeit, §§ 2046, 1967 II) entsprechend den Erbteilen verteilt	→	Vorausvermächtnis dann, wenn Erbe ohne Anrechnung auf den Erbteil einen zusätzlichen Gegenstand erhalten soll!

Steht dem Vermächtnisnehmer ein Anspruch zu, wenn ein Dritter die zuzuwendende Sache nach dem Erbfall vorsätzlich zerstört?

Vermächtnis

↳ Schadensersatzrecht III, Rn. 236

- § 2174 (-), wegen § 275 BGB
- §§ 2174, 280 gegen die Erbengemeinschaft (-), da kein Vertretenmüssen
- § 823 I gegen den Dritten (-), da Vermächtnisnehmer (VN) noch nicht Eigentümer; auch kein Anwartschaftsrecht als sonstiges Recht i.S.v. § 823 I

Da das Vermächtnis den Nachlasswert als Nachlassverbindlichkeit gemindert hat, hat die Erbengemeinschaft als Eigentümer zwar dem Grunde nach einen Anspruch aus § 823 I, aber keinen Schaden

Da auch zufällige Schadensverlagerung (+): Voraussetzungen der **Drittschadensliquidation** liegen vor! Erbengemeinschaft kann Schaden des VN liquidieren; dieser hat Anspruch gegen diese aus **§ 285 I (analog)** auf Abtretung des Anspruchs bzw. Auszahlung des erhaltenen Geldes!

Wie ist die Schenkung von Todes wegen i.S.v. § 2301 BGB von der Schenkung unter Lebenden abzugrenzen?

↳ ErbR: Karteikarte Nr. 82

Schenkung von Todes wegen, § 2301

Schenkungsvertrag steht unter der **Befristung** durch den Tod des Schenkers	+	Schenkungsvertrag steht unter der **aufsch. Bedingung** des Überlebens des Beschenkten

! Wenn eines der beiden Elemente fehlt, liegt eine Schenkung unter *Lebenden* vor, für die § 2301 nicht gilt !

Welche Formerfordernisse ergeben sich aus § 2301 I S.1 BGB genau?

Formerfordernisse nach § 2301 I S.1

Betrifft **nur** die WE des **Schenkers**, vgl. Wortlaut: „Schenkungs*versprechen*"

Unklar, ob Form des Einzeltestaments oder des Erbvertrages einzuhalten; aber: § 2301 stellt **Verschärfung** ggü. § 518 dar; wäre § 2247 anzuwenden, würde dies wg. der Möglichkeit der privatschriftlichen Erteilung eine Privilegierung darstellen.
Daher: Schenkungsversprechen muss der Form des **§ 2276** genügen!

Schildern Sie den Bonitfatius-Fall!
Wurde hier § 2301 BGB eingehalten?

Schenkung von Todes wegen

↳ ErbR: Karteikarte Nr. 84

Priester (P) übergibt Inhaberpapiere an A und beauftragt ihn, diese nach seinem Tode dem Bonifatiusverein e.V. zukommen zu lassen.

Schenkung von Todes wegen und wirksame Übereignung (+). Da § 2301 I nicht eingehalten wurde, ist allein fraglich, ob **Vollzug** i.S.d. § 2301 II. Vollzug müsste anders als bei § 518 II noch zu *Lebzeiten* erfolgt sein!

e.A.	⟷	a.A.
Entscheidend ist, ob **noch** der **ErbL** oder **schon** die **Erben** das Vermögensopfer erbracht haben. ErbL hat durch Abgabe der dinglichen Einigungserklärung mittels des Erklärungsboten A alles Erforderliche getan, Vollzug (+)		Da dingl. Einigungserklärung von den Erben jederzeit hätte widerrufen werden können, ist Vermögensopfer (erst) den **Erben** zuzurechnen. Vollzug daher (-), Schenkungsvertrag nichtig, §§ 2301 I S.1, 125 S.1

E legt auf den Todesfall bei der B-Bank zugunsten der T ein Sparbuch über 5.000 € an. In welcher Rechtsbeziehung kommt § 2301 BGB allenfalls in Betracht?

↳ ErbR: Karteikarte Nr. 83

Im **Deckungsverhältnis** zwischen E und der B-Bank handelt es sich um einen echten Vertrag zugunsten Dritter (der T) auf den Todesfall i.S.v. § 331 in der Form eines unregelmäßigen Verwahrungsvertrages, § 700. Dies stellt in **keinem** Fall eine **Schenkung** i.S.v. § 2301 BGB dar!

! ⇕ !

Im **Valutaverhältnis** zwischen E und T könnte es sich um einen Fall des § 2301 handeln, da E der T den Betrag unentgeltlich zuwenden wollte. Die B-Bank fungiert hierbei als **Erklärungsbotin**, die die Willenserklärung des E bzgl. des Schenkungsvertrages übermittelt.

Ist der Schenkungsvertrag zwischen E und T (vgl. KK Nr. 77) nach den §§ 2301 I S.1, 125 S.1 BGB nichtig?

Schenkung von Todes wegen

↳ ErbR: Karteikarte Nr. 84

Fraglich, ob § 2301 überhaupt auf Verträge zugunsten Dritter auf den Todesfall i.S.v. § 331 anwendbar

e.A.	h.M.
(+) zum Schutz der erbrechtl. Formerfordernisse	(-), denn: § 331 würde **leerlaufen**, da im Regelfall wg. § 2301 die zugewendete Leistung nicht kondiktionsfest wäre; daher § 331 als lex specialis ggü. § 2301 zu behandeln!

Nennen Sie die wichtigsten Befugnisse des Testamentsvollstreckers!

↳ ErbR: Karteikarte Nr. 86

Testamentsvollstrecker: Ausführung der Anordnungen des ErbL; Befugnisse:

- ProzessführungsR, §§ 2212, 2213: gesetzl. Prozessstandschaft
- Besitzrecht am Nachlass, § 2205 S.2
- Verfügungs- und VerpflichtungsR, §§ 2205 S.2, 2206

Welche Rechtsfolge hat die Einwilligung des Erben nach § 2206 II BGB in Verpflichtungsgeschäfte des Testamentsvollstreckers?

↳ ErbR, Rn. 150

Einwilligung, § 2206 II

Keine Wirksamkeitsvoraussetzung der Verpflichtung; Verpflichtungsbefugnis ergibt sich bereits aus § 2206 I

Aber: Erteilte Einwilligung schließt nach h.M. Anspruch der Erben gegen den Testamentsvollstrecker (TV) nach § 2219 aus, § 242

Kann der Testamentsvollstrecker wirksam eine Nachlassverbindlichkeit begründen, wenn deren Eingehung der ordnungsgemäßen Verwaltung widerspricht?

↳ ErbR: Karteikarte Nr. 88

Verpflichtungsbefugnis dann zwar nicht aus § 2206 I S.1, aber aus §§ 2206 I S.2, 2205 S.2.Alt. 2!
D.h.: TV überschreitet das rechtliche Dürfen (§ 2216) im Rahmen des rechtlichen Könnens; Regeln des Missbrauchs der Vertretungsmacht analog anwendbar!

Kollusion	Evidenz
TV und Vertragspartner handeln bewusst zum Nachteil des Erben zusammen: Nichtigkeit des Verpflichtungsgeschäfts nach § 138 I	Vertragspartner hätte erkennen müssen, dass Verpflichtung der ordngem. Verwaltung widerspricht Schwebend unwirksam, aber genehmigungsfähig, § 177 analog

Kann, wenn durch eine Nachfolgeklausel der Gesellschaftsanteil eines persönlich haftenden Gesellschafters in den Nachlass fällt, diesbezüglich eine Testamentsvollstreckung angeordnet werden?

↬ ErbR: Karteikarte Nr. 91

Testamentsvollstreckung bzgl. Anteils eines phG

Wortlaut der §§ 2197 ff. steht nicht entgegen, TV bezieht sich auf alle oder bestimmte (§ 2208 I S.1) Nachlassgegenstände.

Problem: Struktur / Wesen der Personengesellschaft:
- den Mitgesellschaftern wird eine neue Person des TV aufgezwungen
- Verpflichtungen durch den TV sind Nachlassverbindlichkeiten, Haftungsbeschränkung auf den Nachlass nach §§ 1975 ff. möglich: Widerspricht dem Prinzip der unbeschränkten pers. Gesellschafterhaftung

Daher: TV bezieht sich nur auf gesellschaftl. Vermögensrechte (v.a. Anspruch auf Gewinn), nicht auf Mitgliedschaftsrechte (v.a. StimmR, Vertretungsmacht)!

Welche rechtlichen Gestaltungsmöglichkeiten kommen in Betracht, um zu erreichen, dass sich die Testamentsvollstreckung auch auf Mitgliedschaftsrechte erstreckt (vgl. KK Nr. 82)?

Testamentsvollstreckung

↳ ErbR: Karteikarte Nr. 86

Treuhandlösung	Vollmachtlösung
GesAnteil wird durch ErbL oder durch die Erben rechtsgeschäftl. auf den TV als Treuhänder übertragen; dieser handelt und haftet in *eigenem* Namen, Rückgriff auf die Erben aus dem Treuhandverhältnis möglich. §§ 1975 ff. nicht anwendbar!	TV erhält durch Erben (erzwingbar z.B. durch Auflage) oder durch ErbL (postmortal) die Vollmacht, Mitgliedschaftsrechte für die Erben auszuüben §§ 1975 ff. ebenfalls nicht anwendbar, wenn TV die Gesellschaft verpflichtet!

In beiden Fällen müssen aber die Mitgesellschafter durch Einzelbeschluss oder durch entspr. Regelung des GesVertrages einverstanden sein, da ihnen anderenfalls die Person des TV **aufgedrängt** würde!

Welche Rechtsgeschäfte sind beim Erbverzicht in welcher Weise formbedürftig?

↳ ErbR, Rn. 161

Formerfordernisse beim Erbverzicht

Erbverzichtsvertrag	i.S.d. §§ 2346 ff.; = abstraktes Verfügungsgeschäft mit ebrechtl. Wirkung; Form: § 2348, not. Beurkundung
Schuldrechtl. Kausalgeschäft	enthält **Verpflichtung** zur Abgabe der auf den Erbverzicht gerichteten WE gegen Leistung einer Abfindung (i.d.R.) Um Umgehung des § 2348 zu vermeiden, ist § 2348 auch auf Kausalgeschäft anzuwenden; Heilung durch formwirksamen Erbverzicht, § 311b I S.2 analog

Welche Möglichkeit steht dem Erben zu, wenn der Erbverzicht vorgenommen wurde, aber das schuldrechtliche Kausalgeschäft nichtig ist und die Abfindung nicht gezahlt wurde?

Erbverzicht

↳ ErbR: Karteikarte Nr. 93

Erbverzicht nichtig?	Denkbar: Bedingung (§ 158) oder einheitl. Rechtsgeschäft zw. Verzichtsvertrag und Kausalgeschäft (§ 139); wg. Abstraktionsprinzip aber nur bei ausdrückl. Vereinbarung anzunehmen
Rücktritt, § 2295	Analogie mangels vergleichbarer Interessenlage (-): beim Erb*vertrag* ist Gegenleistung Vertragsgegenstand, Erbverzicht ist dagegen **abstrakt**!
Anfechtung	Motivirrtum nach § 2078 denkbar, aber Erbverzicht **keine** Verf. von Todes wegen; § 119 II (-)
§ 812 I S.1 1.Alt.	Fraglich allein, ob Erbe etwas geleistet hat; wohl (+): Mglk. des Erblassers, beim Testieren den verzichtenden Erben unberücksichtigt zu lassen (sofern mit wohl **h.M.** (-): § 242!)

Wer ist pflichtteilsberechtigt?

ErbR: Karteikarte Nr. 94

Pflichtteilsberechtigt sind

Abkömmlinge des Erblassers	die Eltern des Erblassers	der Ehegatte des Erblassers
§ 2301 I S.1	§ 2301 II S.1 1.Alt.	§ 2301 II S.1 2.Alt.

sofern sie jeweils durch Verf. von Todes wegen von der Erbfolge **ausgeschlossen** sind und bei gesetzl. Erbfolge **gesetzliche Erben** wären, §§ 2303, 2309

E hinterlässt seine Ehefrau F (gesetzl. Güterstand) und die beiden Kinder S und T. Wie hoch wäre der Pflichtteil der T bei deren Enterbung?

↬ ErbR, Rn. 173

(1)	T als Abkömmling nach § 2303 I S.1 pflichtteilsberechtigt. Höhe: zunächst Bestimmung des gesetzl. Erbteils, vgl. § 2303 I S.2
(2)	F würde nach §§ 1931 I S.1, III, 1371 I ½ zustehen, damit erhielten T und S je ¼, § 1924 IV. Gesetzl. Erbteil wäre ¼.
(3)	Pflichtteil der T damit ½ x ¼ = ⅛

Wozu bedurfte es der Regelung des § 1371 III HS. 1 BGB?

↳ ErbR, Rn. 172

Zweck des § 1371 III HS. 1

Pflichtteilsberechtigt ist grds. nur der, der von der Erbfolge **ausgeschlossen** ist, § 2303 I S.1: Dies ist bei einer ausdr. oder konkludenten Enterbung durch Verf. von Todes wegen, **nicht** jedoch bei einer **Ausschlagung** der Erbschaft der Fall, vgl. § 1938.

In **Abweichung** hiervon kann der nicht enterbte Ehegatte die Erbschaft nach § 1371 III HS. 1 ausschlagen und dennoch den (kleinen) Pflichtteil sowie den ZGA nach § 1371 II verlangen, damit er nicht schlechter steht als der enterbte Ehegatte nach § 1371 II.

Was ist unter einem Pflichtteilsrestanspruch zu verstehen?

ErbR, Rn. 170

Pflichtteilsrestanspruch,
§ 2305

Pflichtteilsberechtigter ist als Erbe eingesetzt, wobei die Erbquote *geringer* ist als der Pflichtteil (§ 2304 muss widerlegt sein, da sonst bereits Erbeinsetzung (-)).

↓

In Höhe der **Differenz** Pflichtteil / Erbteil schuldrechtl. Anspruch gegen Erben(gemeinschaft) gem. § 2305

! beachten: beim Ehegatten ist zur Berechnung der Differenz für den Pflichtteil der nach § 1371 I erhöhte gesetzl. Erbteil anzusetzen, da der Ehegatte nicht enterbt ist und somit keinen ZGA nach § 1371 II hat!

Was ist unter einem Pflichtteilsergänzungsanspruch zu verstehen?

↳ ErbR: Karteikarte Nr. 96

Pflichtteilsergänzungsanspruch, § 2325

Pflichtteilsberechtigter wird vor Schenkungen des Erblassers zu Lebzeiten (bis 10 Jahre vor Erbfall, § 2325 III) geschützt:

Anspruchsteller von Erbfolge ausgeschlossen

Soweit sich der Betrag des Pflichtteilsanspruchs bei *Hinwegdenken* der Schenkung **erhöhen** würde, besteht Ergänzungsanspruch gegen Erben(gemeinschaft)

Anspruchsteller nicht von Erbfolge ausgeschlossen

§ 2325 gilt **ebenso**; allerdings ist der Anspruch um den Betrag **zu kürzen**, um den der zugewendete Erbteil den (fiktiven) Pflichtteilsanspruch übersteigt, § 2326

Wozu existiert im Hinblick auf den Grundsatz des Von-selbst-Erwerbes das Rechtsinstitut der Erbschaftsannahme?

Annahme / Ausschlagung der Erbschaft

↳ ErbR, Rn. 179

Mit dem Erbfall geht die Erbschaft unmittelbar auf den / die Erben über (Von-selbst-Erwerb), einer Annahmeerklärung bedarf es hierzu **nicht**.

↓

Annahme hat nur insoweit Bedeutung, als hierdurch das Recht zur Ausschlagung erlischt, § 1943 1.Alt.; die Annahme beendet also den Schwebezustand vor Ablauf der Ausschlagungsfrist und schafft so Rechtssicherheit.

Nennen Sie Voraussetzungen und Folgen einer wirksamen Erbschaftsausschlagung!

↳ ErbR, Rn. 178

Ausschlagung der Erbschaft

(1)	Ausschlagungsberechtigt ist der Erbe nach dem Erbfall, vgl. § 1946
(2)	Keine wirksame Annahme, § 1943 1.Alt. oder Ablauf der Ausschlagungsfrist, §§ 1943 2.Alt., 1944 I
(3)	Erklärung zur Niederschrift oder öffentl. beglaubigt gegenüber Nachlassgericht, § 1945 I

Rechtsfolge:	Anfall der Erbschaft an den Ausschlagenden fällt rückwirkend weg, § 1953 I; Rechtslage, wie wenn Ausschlagender im ZP des Erbfalls nicht gelebt hätte, § 1953 II HS. 1

Ist die Annahme der Erbschaft anfechtbar? Mit welcher Rechtsfolge?

Annahme / Ausschlagung der Erbschaft

↳ ErbR, Rn. 180 ff.

Anfechtbarkeit (+), es gelten §§ 119 ff. (nicht etwa §§ 2078 ff.!!), soweit nicht durch §§ 1954 f. modifiziert: Binnen 6 Wochen (§ 1954 I) ggü. Nachlassgericht (§ 1955)

↓ Rechtsfolge

→ typischer Fall: Anfechtung der Annahme wg. erst später erkannter Überschuldung des Nachlasses = Eigenschaftsirrtum i.S.v. § 119 II

§ 142 I, Annahme gilt *ex tunc* als nicht erfolgt; gem. § 1957 I gilt die Anfechtung der Annahme als Ausschlagung (genauso umgekehrt), gesetzl. Fiktion

Wer ist vorläufiger Erbe?

Vorläufiger Erbe ist der Erbe im Zeitraum zwischen Anfall der Erbschaft (mit dem Erbfall, § 1942 I) und Ausschlagung.

! Nicht zwingend ist (wie fälschlicherweise vielfach behauptet), dass eine Annahme noch nicht erfolgt sein darf: Eine vorläufige Erbenstellung liegt auch bei einer späteren Anfechtung der Annahme vor! Maßgeblich ist also *allein*, ob eine wirksame Ausschlagung (auch nach § 1957 I) erfolgt und somit die Erbenstellung zu einer vorläufigen wird. !

Kann der vorläufige Erbe eine bewegliche Sache aus dem Nachlass wirksam veräußern?

↳ ErbR: Karteikarte Nr. 101

Verfügung durch vorläufigen Erben

Wg. der Ausschlagung ist vorläufiger Erbe ex tunc Nicht-Erbe, d.h. er ist **Nichtberechtigter** bzgl. der Nachlassgegenstände, § 1953 I
Da i.d.R. ein Fall des § 1959 II nicht vorliegt, kommt (wenn keine Genehmigung, § 185 II) allenfalls ein **gutgläubiger Erwerb** vom Nichtberechtigten, §§ 932 ff., in Betracht.

Problem: Sache evtl. wg. §§ 935, 857 dem endgültigen Erben abhandengekommen, dieser ist ex tunc (§ 1953 I) Erbe und damit auch Erbenbesitzer nach § 857
Aber: Abhandenkommen beruht auf doppelter Fiktion: Rückwirkung des **§ 1953 I**, Besitzfiktion des **§ 857**; nach h.M. muss der gute Glaube stärker wiegen als die doppelte Fiktion. Damit gutgl. Erwerb bei Vorliegen der übrigen Voraussetzungen (+).

Wer ist Erbschaftsbesitzer i.S.v. § 2018 BGB?
Ist der vorläufige Erbe Erbschaftsbesitzer?

↳ ErbR: Karteikarte Nr. 102

Erbschaftsbesitzer, § 2018

= wer etwas aus dem Nachlass erlangt hat und unter Berufung auf ein tatsächlich nicht bestehendes Erbrecht dem tatsächlichen Erben vorenthält

z.B.: Erbe beruft sich auf unwirksames oder wirksam angefochtenes Testament

! Der vorläufige Erbe ist **nicht** Erbschaftsbesitzer: §§ 1958 f. stellen eine abschließende Sonderregelung dar. !

Welchen Zweck erfüllt der Anspruch aus § 2018 BGB neben § 985?

ErbR, Rn. 191

Zweck des Anspruchs aus § 2018

§ 2018 ist *Gesamt*anspruch, d.h.: durch *einen* Anspruch kann Herausgabe des *gesamten* Nachlasses verlangt werden; § 985 gibt Einzelansprüche bzgl. *einzelner* Sachen

Prozessuale Vereinfachung zugunsten des Erben

Tatsächlicher Erbe kann durch *eine* Klage und vor *einem* Gericht (Gerichtsstand: § 27 ZPO) Herausgabe des Nachlasses geltendmachen. Allerdings muss in der Klage jeder Einzelgegenstand genau bezeichnet werden, § 253 II Nr. 2 ZPO

Kann ein Pflichtteilsberechtigter die Herausgabe des Nachlasses nach § 2018 BGB verweigern, um so seinen Pflichtteilsanspruch durchzusetzen?

Erbschaftsbesitz

ErbR, Rn. 194

In Betracht käme ZBR i.S.v. § 273 gegen den Anspruch aus § 2018 wegen eines Anspruchs nach § 2303 I S.1

Von h.M. abgelehnt, denn:

- es widerspricht Treu und Glauben, sich auf diese Weise Druckmittel gegen den wahren Erben zu verschaffen
- vor allem: der Erbe muss Nachlass in Besitz nehmen, um die betragsmäßige Höhe des Pflichtteilsanspruches zu ermitteln

Wie verhalten sich die Ansprüche aus §§ 2018 ff. BGB zu Einzelansprüchen, z.B. aus §§ 985 ff. BGB?

↳ ErbR, Rn. 200

Verhältnis zu Einzelansprüchen, § 2029

Die Einzelansprüche bleiben anwendbar; ihr Inhalt wird aber durch die §§ 2018 ff. bestimmt, § 2029.
Sofern sich Abweichungen ergeben, erfahren die Einzelansprüche Modifikationen, um das gleiche Ergebnis wie in den §§ 2018 ff. zu erreichen.

z.B. muss Erbschaftsbesitzer (EB) Nutzungen wg. § 2020 *immer* herausgeben: §§ 987, 988 sind also entsprechend zu modifizieren.

↓

Deshalb: §§ 2018 zwingend **vor** den Einzelansprüchen prüfen!

Welche Einzelansprüche auf Herausgabe von Sachen kommen neben § 2018 BGB regelmäßig in Betracht?

Erbschaftsbesitz

↳ ErbR, Rn. 200

Klausurrelevante Einzelansprüche auf Herausgabe

§ 985	Wahrer Erbe ist wg. Gesamtrechtsnachfolge Eigentümer aller Sachen des Nachlasses, (+)
§ 861	Regelmäßig (+), wenn Inbesitznahme des EB nach Erbfall: verbotene Eigenmacht wg. § 857
§ 1007 I	Bei bewegl. Sachen (+), sofern EB bösgläubig
§ 1007 II	I.d.R. (+), Abhandenkommen wg. §§ 857, 935
§§ 823, 249 S.1	I.d.R. (-) wg. § 2025
§ 812 I S.1 2.Alt.	Keine reine Besitzkondiktion bei Eingriffskondiktion (h.M.), daher (-)

Worauf bezieht sich der Erbschaftsanspruch, wenn der Erbschaftsbesitzer eine Sache aus dem Nachlass verkauft und veräußert? Differenzieren Sie nach den Zeitpunkten vor und nach Kaufpreiszahlung!

ErbR: Karteikarte Nr. 104

Dingliche Surrogation, § 2019

Vor Zahlung

EB erlangt mit Mitteln der Erbschaft (Nachlassgegenstand) zunächst den Kaufpreisanspruch, § 433 II
Dieser **fällt** wg. § 2019 I **in den Nachlass**, steht also dem tatsächlichen Erben zu!
Dabei **unbeachtlich**, ob Veräußerung der Sache wirksam ist (i.d.R. (-) wg. §§ 935, 857!)

↓

Nach Zahlung

- Gezahlter Kaufpreis fällt wg. § 2019 I in den Nachlass
- Kaufpreisanspruch **erlischt** durch Zahlung an den EB bei Gutgläubigkeit des Käufers, §§ 2019 II, 407
- Tats. Erbe hat zusätzl. Anspruch gg. EB aus §§ 2029, 816 II

Wird der Erwerber in der Konstellation der KK Nr. 101 Eigentümer der veräußerten Sache, wenn der tatsächliche Erbe vom Erbschaftsbesitzer den gezahlten Kaufpreis herausverlangt?

Erbschaftsbesitz

↳ ErbR: Karteikarte Nr. 104

Erwerb vom nichtberechtigten EB wg. §§ 935, 857 (-); Problem: Erbe kann nicht **sowohl** Erlös **als auch** die unwirksam veräußerte Sache herausverlangen: § 2019 I soll den Wert des Nachlasses *erhalten*, nicht aber den Erben *bereichern*!

e.A.	a.A.
Im Herausverlangen des Surrogats liegt Genehmigung (§ 185 II S.1 1.Alt.) unter der Bedingung der tats. Herausgabe des Surrogats Dann: Verfügung *wirksam*, Anspruch nur auf Erlös	Tats. Erbe kann Herausgabe des Surrogats nur Zug um Zug gegen Erteilung der Genehmigung verlangen (§ 185 II S.1 1.Alt.)

Welches ist die wesentliche Modifikation, die die §§ 994 ff. BGB durch §§ 2022 I, 2029 BGB erfahren?

ErbR, Rn. 198

Modifikation der §§ 994 ff.

Besserstellung des gutgläubigen, unverklagten Besitzers durch § 2022 I

(1)	**Alle** Verwendungen können geltendgemacht werden; müssen nicht einmal nützlich i.S.d. § 996 sein
(2)	Verwendungsersatzanspruch kann nicht nur der Herausgabe der Sache, auf die die Verwendung gemacht wurde, nach § 1000 entgegengehalten werden, sond. der Herausgabe aller Sachen des Nachlasses! (wg. §§ 2022 I S.1, 2029)

Kann ein Miterbe über

- seinen Anteil an einzelnen Nachlassgegenständen
- seinen Anteil am gesamten Nachlass verfügen?

Miterbengemeinschaft

↳ ErbR: Karteikarte Nr. 105

Miterbengemeinschaft als Gesamthandsgemeinschaft

Verfügung über Anteil am gesamten Nachlass	Verfügung über Anteil an Einzelgegenständen
Verfügung möglich, § 2033 I; in schuldrechtl. Hinsicht Vorkaufsrecht der übrigen Miterben beachten, § 2034 I	Nicht möglich, § 2033 II; vielmehr gemeinschaftl. Verfügung, § 2040 I

Wer ist bei einer Miterbengemeinschaft zur Verwaltung berechtigt?

↳ ErbR, Rn. 204 ff.

Verwaltung in Miterbengemeinschaft

ordnungsgemäße Verwaltung	notwendige Verwaltung	nicht ordnungsgemäße Verwaltung
Stimmenmehrheit ausreichend, §§ 2038 II S.1, 745 I S.1	(Z.B. dringende Reparaturmaßnahmen), durch jeden Miterben allein, § 2038 I S.2 HS. 2	Gemeinschaftliche Verwaltung durch alle Miterben zusammen, § 2038 I S.1

Wie ist die Vertretungsmacht innerhalb der Erbengemeinschaft für den Abschluss von Verpflichtungsgeschäften ausgestaltet?

ErbR: Karteikarte Nr. 107

Vertretungsmacht bzgl. Verpflichtungsgeschäfte

! Ist an Verwaltungsbefugnis gekoppelt, also entsprechend KK Nr. 105! !

- **ordnungsgemäße** Verwaltung: Gesamtvertretung durch Mehrheit der Erben
- **notwendige** Verwaltung: Einzelvertretung
- **nicht ordnungsgemäße** Verwaltung: Gesamtvertretung durch alle Erben

Wer ist in einer Erbengemeinschaft zur Verfügung über einzelne Nachlassgegenstände befugt?

Miterbengemeinschaft

ErbR: Karteikarte Nr. 108

Verfügungsbefugnis in Miterbengemeinschaft

nicht ordnungsgemäße Maßnahmen	notwendige Maßnahmen	ordnungsgemäße Maßnahmen
§ 2040 I: nur gemeinschaftlich zur Verfügung befugt	§ 2040 I bei Notgeschäften unpraktikabel, daher h.M.: Einzelverfügungsbefugnis, § 2038 I	§ 2040 I als Spezialvorschrift ggü. §§ 2038 II S.1, 745 I S.1; es bleibt gemeinschaftl. Verfügungsbefugnis, sehr str.

Welche Möglichkeiten des Verfahrens der Auseinandersetzung gibt es?

Miterbengemeinschaft

↳ ErbR: Karteikarte Nr. 109

Auseinandersetzungsverfahren

- Durch Testamentsvollstrecker (Auseinandersetzungsvollstrecker), §§ 2197 ff., 2204
- Auseinandersetzungsvertrag zwischen Miterben
- Klage eines Miterben auf Zustimmung zu seinem Auseinandersetzungsplan (Berücks. von Teilungsanordnungen des ErbL)
- Vermittlungsverfahren vor Nachlassgericht, §§ 342 ff. FamFG
- Übertragung aller Erbteile auf eine Person, dann Verteilung, alternativ Abschichtung, d.h. formloses Ausscheiden der Miterben

Welche Arten von Nachlassverbindlichkeiten gilt es zu unterscheiden?

Erbenhaftung

ErbR: Karteikarte Nr. 110

Nachlassverbindlichkeiten

Erblasserschulden	Erbfallschulden	Nachlasserbenschulden
= vom ErbL herrührende Verbindlichkeiten, die im Wege d. Gesamtrechtsnachfolge gem. § 1922 I auf Erben übergehen (z.B.: § 433 II aus vom ErbL geschlossenem KV)	= Schulden anlässlich des Erbfalls (z.B.: Vermächtnis, § 2174; Pflichtteilsverbindlichkeit, § 2303 I S.1; Erbschaftssteuer)	= Schulden, für die der Nachlass und auch der Erbe persönlich haften (v.a.: Verwaltungsmaßnahmen, bei denen der Erbe eine pers. Haftung nicht ausschließt)

Auf welchen zwei Wegen kann der Nachlassgläubiger seinen Anspruch auf Zahlung einer Nachlassverbindlichkeit geltend machen?

↳ ErbR: Karteikarte Nr. 111

Wahlmöglichkeit des Nachlassgläubigers

Gesamtschuldklage

Inanspruchnahme der einzelnen Miterben als Gesamtschuldner möglich, § 2058

Allerdings bis zur Teilung (= Beendigung der Auseinandersetzung) LeistungsverweigerungsR des Miterben nach § 2059 I S.1, Vorbehalt im Urteil erforderlich, § 780 ZPO

Haftungsmasse = Privatvermögen des Miterben, auch der Erbteil, vgl. §§ 859 II, 857 ZPO

Gesamthandsklage

Gläubiger kann Befriedigung aus ungeteiltem Nachlass verlangen, § 2059 II; wg. § 2040 I sind die Miterben hierbei als prozessual notwendige Streitgenossen i.S.d. § 62 I 2.Alt. ZPO zu verklagen.

Kann ein Scheinerbe eine bewegliche Sache aus dem Nachlass, die sich der Erblasser vom Eigentümer geliehen hatte, wirksam durch Einigung und Übergabe veräußern?

Erbschein

ErbR: Karteikarte Nr. 113

§ 929 S.1	(-), da Scheinerbe Nichtberechtigter; Eigentümer ist der Verleiher!
§ 929 S.1, 932 I S.1	Tatsächlicher Erbe wird nach § 857 unmittelbarer Fremdbesitzer; wenn Scheinerbe die Sache in Besitz nimmt, kommt sie dem Eigentümer nach § 935 I S.2 abhanden. Daher (-)!
§§ 2366, 929 S.1	Durch Erbschein wird ggü. dem gutgl. Dritten der Scheinerbe so gestellt, wie er als tatsächlicher Erbe stünde. Der Erbe ist aber ebenso Nichtberechtigter, §§ 2366, 929 S.1 (-)
§§ 2366, 929 S.1, 932 I S.1	Tatsächlicher Erbe könnte als Nichtberechtigter nach § 932 I S.1 verfügen, § 935 (-). Der Scheinerbe wird über § 2366 dem tats. Erben gleichgestellt „Doppelt gutgl. Erwerb“, Überwindung d. § 857

Wonach findet ein gutgläubiger Erwerb eines Grundstückes statt, das im Eigentum des Erblassers stand, wenn der Erblasser noch im Grundbuch eingetragen ist?

§ 873	(-), Scheinerbe ist Nichtberechtigter, tatsächlicher Erbe ist Berechtigter
§§ 892 I S.1, 873	(-), da Scheinerbe nicht durch Grundbuch legitimiert
§§ 2366, 873	Nach § 2366 wird Scheinerbe wie tatsächlicher Erbe gestellt. Dieser könnte als Berechtigter verfügen (ist durch Universalsukzession nach § 1922 I Eigentümer geworden) **Daher:** Verfügung durch Scheinerbe wirksam, sofern Erwerber gutgl. i.S.d. § 2366. Auf § 892 kommt es **nicht** an!

Findet ein Erwerb eines Grundstücks vom Scheinerben statt, wenn der Erblasser als Nichtberechtigter im Grundbuch eingetragen war?

Erbschein

ErbR: Karteikarte Nr. 114

§ 873	(-), Scheinerbe ist Nichtberechtigter, Berechtigter ist der tats. Eigentümer
§ 892, 873	(-), Scheinerbe ist nicht durch Grundbuch legitimiert
§§ 2366, 873	(-), *tatsächlicher* Erbe wäre ebenfalls Nichtberechtigter
§§ 2366, 892, 873	(+), *tatsächlicher* Erbe könnte wirksam nach §§ 892 I S.1, 873 verfügen, da Erblasser im Grundbuch eingetragen: Eintragung des **Erblassers** legitimiert auch den Erben i.S.d. § 892 I! **Daher:** doppelt gutgläubiger Erwerb: hinsichtlich der Erbenstellung (§ 2366) und hinsichtlich der Berechtigung des Erblassers (§ 892)

Setzt der gute Glaube nach § 2366 BGB eine Einsichtnahme in den Erbschein oder / und das Wissen, dass der fragliche Gegenstand zu einem Nachlass gehört, voraus?

Erbschein

↳ ErbR, Rn. 228 ff.

Eine Einsichtnahme ist nach ganz h.M. nicht erforderlich. Bei §§ 2366, 2367 handelt es sich um einen abstrakten Gutglaubensschutz, vergleichbar mit § 892 BGB oder § 15 HGB! Allerdings fordert die h.M. Kenntnis des Erwerbers davon, dass es sich um einen Erbschaftsgegenstand handelt.

So lernen Sie richtig mit der Hemmer-Box:

1. Verstehen:	Haben Sie den gelesenen Stoff verstanden, wandert die Karte auf Stufe 2., Wiederholen am nächsten Tag.
2. Wiederholen:	Haben Sie den Stoff behalten, wandert er von Stufe 2. zu Stufe 4.
3. kleine Strafrunde:	Konnten Sie den Inhalt von 2. nicht exakt wiedergeben, arbeiten Sie die Themen bitte noch einmal durch.
4. fundiertes Wissen:	Wiederholen Sie die hier einsortierten Karten nach 1 Woche noch einmal. Konnten Sie alles wiedergeben? Dann können Sie vorrücken zu Stufe 5.
5. Langzeitgedächtnis:	Wiederholen Sie auf dieser Stufe das Gelernte im Schnelldurchlauf nach einem Monat. Sollten noch Fragen offen bleiben, gehen sie bitte eine Stufe zurück.

Verstehen:
Bevor Sie beginnen, schaffen Sie sich eine geeignete Lernatmosphäre (Mood: Einstimmen). Lesen sie die Karteikarte zunächst dahingehend, dass Sie sie verstehen. „Kartenfresserei“ rentiert sich nicht. Wachstum als Jurist heißt Auseinandersetzung mit Problemfeldern. So lernt nur derjenige richtig, der Gehörtes oder Gelesenes auch verstanden hat. Schaffen Sie sich Verständnis, indem sie zunächst das Problem definieren (Problem erkannt, Gefahr gebannt). Fragen Sie sich auch, was der Grund für eine Regelung ist.
Machen Sie sich bewusst, dass das Kurzzeitgedächtnis nur 7-9 Sinneseinheiten abspeichert. Über die Strukturierung der Karteikarte gelingt es Ihnen, mehr abzuspeichern.

✔ **Sie haben sich jetzt bemüht, den gelesenen Stoff zu verstehen und damit den ersten wesentlichen Schritt des Lernens gemeistert.**
Sortieren Sie jetzt die Karteikarte unter Stufe 2 Wiederholen ein.

Gefahr Vergessen: In der Regel wird das Gelernte innerhalb 24 Stunden bis zu 70 % wieder vergessen. Daher ist es wichtig, das Gelernte auf Stufe 2 am nächsten Tag zu wiederholen, bevor Sie sich neue Karteikarten vornehmen.

Welche allgemeinen Prinzipien liegen dem Sachenrecht zugrunde?

↳ SachenR I: Karteikarte Nr. 1

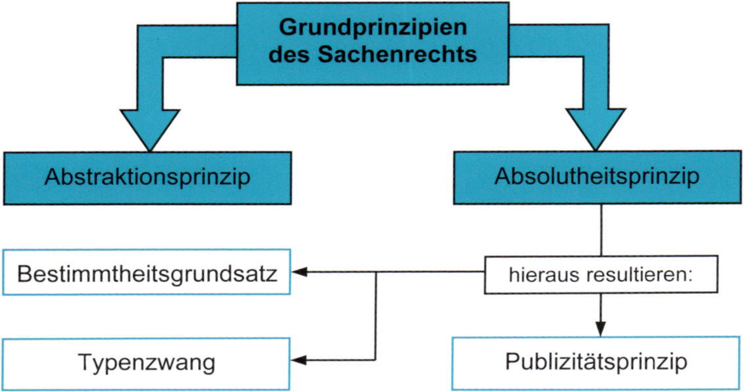

Erläutern Sie das Abstraktionsprinzip. Welchen Zweck verfolgt es?

↳ SachenR I: Karteikarte Nr. 1; SachenR I, Rn. 29 ff.

Abstraktionsprinzip

Verpflichtungsgeschäft (z.B. Kaufvertrag, § 433)	⟺ Trennung	Verfügungsgeschäft (z.B. Übereignung, § 929; Forderungsabtretung, § 398)

⇨ beide Geschäfte bzgl. Wirksamkeit **voneinander unabhängig**

⇩

Zweck:	• Rechtssicherheit • „Dosierung“ des Minderjährigenschutzes: MJ. soll z.B. Eigentümer an Kaufsache werden, auch wenn KV unwirksam ist

Welche Durchbrechungen des Abstraktionsprinzips sind denkbar?

↳ SachenR I, Rn. 32 ff.

Durchbrechungen des Abstraktionsprinzips

Rechtsgeschäftl. Abhängigkeit

- Vereinbarung einer Bedingung, § 158
- einheitl. Rechtsgeschäft, § 139

→ **selten** anzunehmen, wenn nicht ausdr. vereinbart

Fehleridentität

Keine echte Durchbrechung: Geschäfte bleiben **getrennt**, leiden aber am gleichen Fehler (z.B. § 105); gesetzlich angeordnet bei § 138 II („gewähren lässt“)

Erläutern Sie das Absolutheitsprinzip. Welcher Grundsatz des Schuldrechts steht diesem gegenüber?

↳ SachenR I, Rn. 24

Sachenrecht

↓

Absolutheitsprinzip

Dingliche Rechte wirken **absolut**, d.h.: richten sich gegen jedermann, von jedermann zu beachten und schützen ggü. jedermann

↔

Schuldrecht

↓

Relativitätsprinzip

Schuldrechtl. Beziehungen wirken nur **relativ**, d.h.: Entfalten Wirkung *nur* zwischen den am Rechtsgeschäft beteiligten Rechtssubjekten

Was besagt der Bestimmtheitsgrundsatz?

↳ SachenR I, Rn. 52 ff.

Bestimmtheitsgrundsatz

- Dingliche Rechte müssen sich wg. absoluter Wirkung auf konkrete, bestimmte Sachen beziehen
- v.a. bei Verfügungen über dingl. Rechte zu beachten: z.B. Übereignung nicht von Sachgesamtheiten (Warenlager etc.), sondern nur Übereignung aller **einzelnen** Sachen

Was besagen die übrigen Grundprinzipien im Einzelnen? Gelten diese auch im Schuldrecht?

SachenR I: Karteikarte Nr. 1

SachenR (wg. Absolutheitsgrundsatz):	**SchuldR**
Typenzwang **numerus clausus** der dingl. Rechte; müssen gesetzl. vorgesehen sein	**Privatautonomie**, kein Typenzwang
Publizitätsprinzip Zuordnung / Übertragung eines dingl. Rechts muss RVerkehr **erkennbar** sein	Grds. **Formfreiheit**

→ Publizitätsträger v.a.: Besitz, Grundbuch

Was ist unter einer Verfügung zu verstehen?

↳ SachenR I: Karteikarte Nr. 2

Verfügung → Rechtsgeschäft, durch das ein Recht unmittelbar
- übertragen
- aufgehoben
- inhaltlich geändert oder
- belastet wird

→ Teilw. auch im SchuldR geregelt, z.B. Abtretung, §§ 398 ff., Kündigung

Geben Sie eine genaue Definition des Sachbegriffes!

↳ SachenR I, Rn. 77 ff.

Sachbegriff, § 90

Gegenstand	Alles, was Objekt von Rechten sein kann (Rechtsobjekte)
körperlich	räumlich abgrenzbar (z.B. (-): fließendes Wasser)
nicht-menschlich	jedenfalls (-): Bestandteile des lebenden Körpers
beherrschbar	selten (-), z.B.: Schneeflocke

Können abgetrennte Körperteile Sachen sein?
Wenn ja, wer erlangt Eigentum an diesen?

↬ SachenR I, Rn. 80 ff.

Sacheigenschaft abgetrennter Körperbestandteile

Wg. Art. 1 I, 2 I GG (-), wenn Körperteil seine körperl. Funktionen weiter erfüllen soll (funktionale Einheit zum Körper)

Eigenspende

Zweck = Rückführung in eigenen Körper
⇨ funktionale Einheit (+), Sache (-)
z.B.: Eigenblutspende

Drittspende

Wohl Sache (-), wenn an *konkreten* Dritten gespendet; anderenfalls: Körperteil wird *wie Ware* behandelt, Sache (+)

§ 953 analog: Eigentum des bisherigen Trägers!

Was ist unter einer verbrauchbaren, was unter einer vertretbaren Sache zu verstehen? Wo ist eine dementsprechende Einordnung von Bedeutung?

↳ SachenR I: Karteikarte Nr. 4

verbrauchbare Sache	**Zweckbestimmung** der Sache = Verbrauch oder Veräußerung (Abnutzbarkeit genügt nicht!)
	⇨ v.a. bei **Nutzungsrechten** relevant, vgl. § 1067
	⇨ z.B. bei **§ 650** relevant, zusätzl. Anwendung werkvertragl. Normen
vertretbare Sache	§ 91 wenig hilfreich; h.M.: Vertretbarkeit (+), wenn Sache sich nicht durch ausgeprägte Individualisierungsmerkmale abhebt und daher austauschbar ist

Was ist unter wesentlichen Bestandteilen i.S.d. § 93 BGB zu verstehen?

↳ SachenR I: Karteikarte Nr. 5

Wesentliche Bestandteile, § 93

Bestandteil	= Teil einer zusammengesetzten Sache
wesentlich	**Trennung** würde zu • Zerstörung oder **§ 93** • Wesensveränderung *des Bestandteils* führen

Wesensveränderung: erhebl. Minderung
- der Gebrauchstauglichkeit oder
- der wirtsch. Bedeutung

Sonderregelungen in §§ 94, 95 beachten!

Welche Rechtsfolge zieht die Einordnung als wesentlicher Bestandteil nach sich?

SachenR I: Karteikarte Nr. 5

Rechtsfolgen der Wesentlichkeit eines Bestandteiles

§ 93	Bestandteil verliert **Sonderrechtsfähigkeit**: ⇨ keine anderen Rechte an Bestandteil als an Hauptsache möglich (z.B.: keine isolierte Belastung mit Pfandrecht o.ä.)
§ 946 ff.	Konsequenz von § 93; Rechte an Sache erlöschen, wenn sie wesentl. Bestandteil einer zusammengesetzten Sache wird.

Zwischen welchen Arten von Früchten unterscheidet § 99 BGB?

↳ SachenR I: Karteikarte Nr. 7

Sachfrüchte	**Früchte, § 99**	**Rechts**früchte
= Erzeugnisse / Ausbeute einer Sache		= Erträge, die das Recht gewährt
z.B. Kies bei Abbaugrundstück	**unmittelbar**	z.B. Gewinn bei GmbH-Anteil
z.B. Mietzins	**mittelbar**	z.B. Untermietzins

mittelbar = Früchte, die vermöge eines Rechtsverhältnisses gewährt werden

Welche Hauptfunktionen kommen dem Besitz zu?

↳ SachenR I, Rn. 115 ff.; Basics Zivilrecht - Band 2, Rn. 144

Besitz

= von Besitzwillen getragene *tatsächliche* Sachherrschaft

Schutz- und Erhaltungsfunktion	Schutz der tatsächlichen Rechtsposition zur Sicherung des Rechtsfriedens, z.B. §§ 859 ff., 935
Publizitätsfunktion	Vgl. Publizitätsgrundsatz: Besitz als Publizitätsträger bei bewegl. Sachen; v.a. Grundlage des gutgl. Erwerbes, vgl. §§ 932 ff.; § 1006

Nach welchen Kriterien lassen sich die Arten des Besitzes einteilen?

↳ SachenR I: Karteikarte Nr. 10

Einteilung der Besitzarten

Intensität der Sachbeziehung	• unmittelbarer Besitz, § 854 • mittelbarer Besitz, § 868
Umfang der Sachherrschaft	• Alleinbesitz • Mitbesitz, § 866; Teilbesitz, § 865
Willensrichtung des Besitzers	• Eigenbesitz, § 872 • Fremdbesitz
Berechtigung des Besitzers	Vorliegen eines Rechts zum Besitz, § 986?
Art der Besitzerlangung	fehlerhaft / fehlerfrei: Erlangung durch verbotene Eigenmacht, § 858?

Unter welchen Voraussetzungen kommt es zum Erwerb unmittelbaren Besitzes nach § 854 I BGB?

↳ SachenR I, Rn. 141 ff.

Besitzerwerb nach § 854 I

Erlangung der tatsächlichen Sachherrschaft (**originär** oder **derivativ**; beim derivativen Erwerb geringere Anforderungen, z.B.: Übergabe des Autoschlüssels ⇨ Besitzerlangung am PKW!)

\+

Besitzbegründungswille beim Erwerber; *natürlicher* Wille, Geschäftsfähigkeit nicht erforderlich (*genereller* Wille ausreichend, z.B.: in Briefkasten eingeworfene Briefe)

Welche weiteren Möglichkeiten des Erwerbes unmittelbaren Besitzes gibt es?

SachenR I: Karteikarte Nr. 11

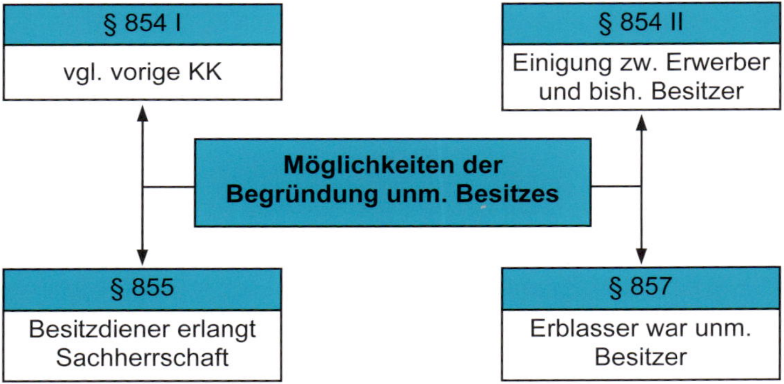

Welchen Voraussetzungen unterliegt ein Besitzerwerb nach § 854 II BGB? Nennen Sie zwei praktische Beispiele!

↳ SachenR I, Rn. 149 ff.

Besitzerwerb nach § 854 II

- rechtsgeschäftl. Einigung zw. bish. Besitzer und Erwerber
- Möglichkeit der Herrschaftsausübung durch Erwerber (unabhängig vom bish. Besitzer)

Relevant bei Übereignung nach § 929 S.1: Übergabe

Übergabe eines Stapels Holz im Walde durch Erteilung einer Abfuhrerlaubnis

Übertragung des Besitzes vom Besitzherrn auf Besitzdiener (nicht: § 929 S.2!)

Wann kommt es zu einer Beendigung des unmittelbaren Besitzes nach § 856 I BGB?

↳ SachenR I: Karteikarte Nr. 12

Beendigung des (unmittelbaren) Besitzes, § 856 I

§ 856 I 1.Alt.	• äußerlich erkennbare Aufgabe der Sachherrschaft • (natürlicher) Besitzaufgabewille
§ 856 I 2.Alt.	unfreiwilliger Verlust d. Sachherrschaft; bloße **Lockerung** genügt **nicht** (z.B. Verlegen einer Sache in eigenen Räumen)

Wann ist jemand Besitzdiener i.S.v. § 855 BGB?
Welche besitzrechtlichen Folgen ergeben sich aus der Vorschrift?

SachenR I, Rn. 173 ff.

§ 855

Besitz-diener	• Soziale Abhängigkeit zum Besitzherren: *Tatsächliche* Unterordnung unter Weisungen (z.B. im Arbeitsverhältnis; auch, wenn Rechtsverhältnis *unwirksam*) • Erkennbarkeit d. soz. Abhängigkeit nach außen
Rechts-folge	Sachherrschaft des BD. im Rahmen des Abhängigkeitsverhältnisses (nach *äußerl.* Erkennbarkeit): ⇨ **Besitzherr** ist unm. Besitzer, BD. ist **kein** Besitzer

Unter welchen Voraussetzungen besteht mittelbarer Besitz?

↳ SachenR I: Karteikarte Nr. 13

Mittelbarer Besitz, § 868

Besitz des Besitzmittlers	Mittelbarer Besitz genügt (vgl. § 871: mehrstufiger mittelb. Besitz möglich)
Besitzmittlungsverhältnis	• konkrete Rechtsbeziehung, die Recht zum Besitz auf Zeit gibt (kann *unwirksam* sein!) • *tatsächlicher* (i.d.R. künftiger / bedingter) Herausgabeanspruch gegen BMittler (i.d.R. aus BMV, aber auch aus Gesetz möglich)
Besitzmittlungswille	Fremdbesitzerwille des BMittlers (str., ob auch Besitzwille des mittelb. Besitzers nötig)

Wie kann es zur Beendigung mittelbaren Besitzes kommen?

SachenR I, Rn. 172

Beendigung mittelbaren Besitzes

(+), wenn eine der Voraussetzungen des mittelb. Besitzes wegfällt (z.B.: Besitzbeendigung beim Besitz*mittler*)

Besonderheit:

Aufgabe des Besitzmittlungswillens beim Besitzmittler nur dann relevant, wenn äußerlich erkennbar

Sind die Begriffe „Erbenbesitz“ und „Erbschaftsbesitz“ deckungsgleich?

↬ SachenR I, Rn. 182 ff.

Erbenbesitz, § 857	⟷	**Erbschaftsbesitz, §§ 2018 ff.**
⇩		⇩
Erbe rückt in besitzrechtl. Stellung des Erblassers ein, Besitzbegründungswille nicht erforderlich		**Vermeintlicher Erbe** besitzt Nachlassgegenstände unter Berufung auf **vermeintliches** Erbrecht
⇨ Besitz wird so erworben, wie er beim Erblasser im ZP des Erbfalles vorlag		⇨ EBV-ähnliche Rechtsbeziehung zum tatsächlichen Erben, §§ 2018 ff.

Welche Besitzverhältnisse bestehen im Verhältnis Eltern / Kind an Sachen des Kindes?

↳ SachenR I: Karteikarte Nr. 16

Sachen des Kindes

Eltern = **unmittelbare** Fremdbesitzer; Konstruktion: Kind = Besitzdiener der Eltern (§ 855)

vermitteln Besitz:

Kind = **mittelbarer** (Eigen-)Besitzer

Welche besitzrechtliche Position steht dem Kind an Sachen der Eltern zu?

Sachen der Eltern

Sofern Kind Sachherrschaft haben sollte (selten):
Kind nur **Besitzdiener** (§ 855), also *nicht* selbst Besitzer; Besitzherr = Eltern!

Wie sind die Besitzverhältnisse zwischen Eheleuten verteilt?

↳ SachenR I: Karteikarte Nr. 16

Alleineigentum eines Ehegatten	
Alleingebrauch durch einen Ehegatten (z.B. Lockenwickler)	⇨ **Alleinbesitz** dieses Ehegatten
Gemeinsamer Gebrauch	• Eigentümer = unmittelbarer Eigenbesitzer **und** mittelbarer Eigenbesitzer • dabei mittelt Nichteigentümer als unm. Fremdbesitzer seinen Besitz dem Eigentümer
Miteigentum:	gleichberechtigter **Mitbesitz**: beide unmittelbare Eigenbesitzer

Wie wird bei juristischen Personen Besitz ausgeübt? Warum ist der Begriff des „Organbesitzes“ dabei missverständlich?

↳ SachenR I: Karteikarte Nr. 16

Besitz bei juristischen Personen

JP nicht selbst handlungsfähig, weder Sachherrschaft noch Besitzwille denkbar

Jedoch Bedürfnis für Besitz der JP, z.B.: Übereignung an JP, § 929 S.1!

Besitzwille + Sachherrschaft durch **Organ** (vgl. § 31)

sog. „Organbesitz"

Nur JP = Besitzer, *nicht* das Organ!

Welche Besitzverhältnisse bestehen bei der BGB-Gesellschaft?

↳ GesellschaftsR, Rn. 116 f.

Besitzverhältnisse bei BGB-Gesellschaft

e.A.: nur **Gesellschafter** sind Besitzer	⟺	a.A.: Gesellschaft **selbst** Besitzerin
Geschäftsführende Gter. als unmittelbare Mitbesitzer		konsequent, wenn man von Rechtsfähigkeit der GbR ausgeht (so BGH)
		⇨ wie bei JP Besitzausübung durch organähnliche Gter.

Welche Formen des Mitbesitzes gilt es zu unterscheiden?

↳ SachenR I, Rn. 134

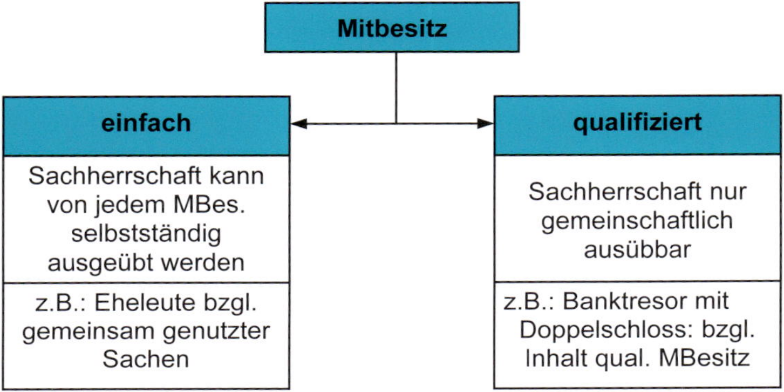

Zwischen welchen Arten von Besitzschutzansprüchen, gerichtet auf Herausgabe einer Sache, ist im Wesentlichen zu unterscheiden?

Besitzschutzansprüche

possessorisch	petitorisch
Anspruch ergibt sich aus Besitz selbst, d.h. nur abhängig von tatsächlicher Sachherrschaft	Anspruch ergibt sich aus Besitzrecht; zielt auf *dauerhafte* Ordnung der BVerhältnisse ab
⇨ v.a. § 861	⇨ v.a. § 1007 I, II

Unter welchen Voraussetzungen darf Besitzwehr bzw. Besitzkehr geübt werden?

SachenR I: Karteikarte Nr. 17

Gewaltrechte: § 859

Besitzwehr, § 859 I

- Besitzentzug bzw. B.Störung: verbotene Eigenmacht (§ 858)

Verteidigung

Besitzkehr, § 859 II, III

- Besitzentzug: verbotene Eigenmacht (§ 858)
- Störer auf frischer Tat betroffen

(Wieder-)Beschaffung des Besitzes

→ Anwendung erforderlicher Gewalt, § 230 analog

Wem stehen die Gewaltrechte des § 859 BGB zu?

↳ SachenR I, Rn. 210 ff.

Inhaber der Gewaltrechte	
unm. Besitzer	unstr. (+)
Besitzdiener	Da nicht Besitzer: § 859 nicht direkt, aber über Verweisung des § 860
mittelb. Besitzer	Verbotene Eigenmacht muss gg. **unm. Besitzer** verübt worden sein; nach Rechtsgedanken des § 869 dann wohl auch Gewaltrechte des **mittelb. Bes.** (+), geringe prakt. Relevanz
Mitbesitzer, Teilbesitzer	(+), §§ 865, 866 beachten

Was ist unter verbotener Eigenmacht zu verstehen?

↳ SachenR I, Rn. 192 ff.

Verbotene Eigenmacht,
§ 858 I

(1)	Besitzstörung / Besitzentziehung gegen unm. Besitzer
(2)	ohne (nicht zwingend *gegen*) Willen des unm. Besitzers
(3)	Widerrechtlich: keine gesetzl. Gestattung

→ z.B. Notwehr, Selbsthilferechte: §§ 227 ff., 904

Unter welchen Voraussetzungen besteht ein Anspruch nach § 861 BGB?

↳ SachenR I: Karteikarte Nr. 18

§ 861

(1)	Besitzentzug ggü. Anspruch*steller* durch verbotene Eigenmacht (§ 858)
(2)	Fehlerhafter Besitz des Anspruch*gegners* ⇨ § 858 II
(3)	§ 861 II: Ausschluss, wenn Anspruch*steller* ggü. Anspruchsgegner bzw. dessen Rechtsvorgänger fehlerhaft besaß + Jahresfrist nicht abgelaufen
(4)	§ 864: Erlöschen bei Ablauf der Jahresfrist (Abs. 1) oder Urteil nach Abs. 2

Was sind die Voraussetzungen für einen Anspruch nach § 862 BGB?

↳ SachenR I, Rn. 221

§ 862

(1)	Besitzstörung ggü. Anspruch*steller* durch verbotene Eigenmacht (§ 858) bzw. Befürchtung einer (erstmaligen oder weiteren) Besitzstörung
(2)	Anspruchs*gegner* = Störer
(3)	§ 862 II: wie § 861 II
(4)	§ 864: vgl. vorige KK

Wie kann sich der Beklagte gegen eine Klage aus § 861 oder § 862 BGB nach § 864 II BGB wehren?

↬ SachenR I, Rn. 233 f.

Beklagter hat Möglichkeit, **Widerklage** auf Feststellung seines Besitzrechtes zu erheben, §§ 256 I, 33 ZPO

→ Wenn Besitzschutzklage zuerst entscheidungsreif: Teilurteil hierüber, § 301 I ZPO; nach Rechtskraft der Feststellungsklage Vollstr.Abwehrklage nach § 767 ZPO möglich

→ Wenn Klagen gleichzeitig entscheidungsreif: Abweisung der Besitzschutzklage als unbegründet nach § 864 II analog möglich, um widersprüchliche Entscheidungen zu vermeiden

Kommt der Besitz als sonstiges Recht i.S.v. § 823 I BGB in Betracht?

↳ SachenR I, Rn. 243 ff.; Basics Zivilrecht – Band 2, Rn. 98

Besitz als „sonstiges Recht“, § 823 I

Voraussetzung = Eigentumsähnlichkeit (absolute Geltung):

- Ausschlussfunktion (beim Besitz: §§ 859 ff.)
- Nutzungsfunktion

ber. Besitz	nichtber. Besitz
NutzungsR ergibt sich aus BesitzR ⇨ § 823 I (+); auch mittelb. Besitz, sofern nicht Anspruch gegen unm. Besitzer (wg. Ausschl.fkt., vgl. § 869)	vertretbar: (+), wenn dem Besitzer Nutzungen zustehen, z.B. redl., entgeltl. Besitzer (vgl. § 988!)

Stellt § 858 BGB ein Schutzgesetz i.S.v. § 823 II BGB dar?

↳ SachenR I, Rn. 251 f.

§ 858 als Schutzgesetz, § 823 II

BGH (+); arg. dagegen:
anderenfalls würde die in § 823 I vorzunehmende Differenzierung unterlaufen (vgl. vorige KK), da faktisch deliktischer Schutz der tatsächlichen Sachherrschaft

Wie ist das Konkurrenzverhältnis zwischen den §§ 858 ff. BGB und den §§ 812 ff. BGB zu lösen?

Besitz

↳ SachenR I, Rn. 255 ff.

Leistungskondiktion ⟺ **Nichtleistungskondiktion**

Leistungskondiktion ⇩

§§ 812 ff. ohne Einschränkungen anwendbar, d.h.: reine Besitz-Kondiktion (+)

Nichtleistungskondiktion ⇩

Eingriffskondiktion, § 812 I S.1 2.Alt.: Wenn Eingriff nur in tats. Sachherrschaft: Differenzierungen der §§ 858 ff. würden umgangen

⇨ reine Besitzkondiktion (-)

Unter welchen Voraussetzungen findet ein Erwerb vom Berechtigten nach den §§ 929 ff. BGB statt?

↳ SachenR I: Karteikarte Nr. 21

Erwerb vom Berechtigten, §§ 929 ff.

(1)	Dingliche Einigung	
(2)	Übergabe / Übergabesurrogat (§§ 929 S.2, 930, 931)	
(3)	Einigsein im ZP der Übergabe / des Übergabesurrogats	
(4)	Berechtigung des Verfügenden	
	(a)	Eigentum od. Befugnis Dritter (§ 185 I)
	(b)	Keine Verfügungsverbote

Worin unterscheidet sich die Übereignung durch einen Stellvertreter von einer solchen durch eine nach § 185 I BGB ermächtigte Person?

Übereignung durch Stellvertreter

Auf dingl. Einigung §§ 164 ff. anwendbar
⇨ Vertreter verfügt **in fremdem Namen**, § 164 I

Verfügender = **Vertretener**
⇨ *dieser* muss verfügungsberechtigt sein

Übereignung durch Ermächtigten, § 185 I

Ermächtigter verfügt **in eigenem Namen**

Verfügender = **Ermächtigter** ⇨ *dieser* muss verfügungsberechtigt sein

Inwiefern kommt bei Alltagsgeschäften eine Ausnahme vom Offenkundigkeitsprinzip in Betracht?

↳ SachenR II, Rn. 22

Geschäft für den, den es angeht

Bei Alltagsgeschäften, bei denen Leistungsaustausch sofort stattfindet (z.B. Kauf von Brötchen beim Bäcker): Vertragspartner nicht an Kenntnis der Person seines Vertragspartners interessiert

⇨ Vertretung ohne Auftreten in fremdem Namen zulässig: bzgl. Verpflichtungsgeschäft und bzgl. dingl. Einigung

Wie lässt sich die Widerruflichkeit der dinglichen Einigung begründen?

↬ SachenR I: Karteikarte Nr. 24

Widerruflichkeit der dinglichen Einigung

Wortlaut: „Einigsein" im ZP der Übergabe, § 929 S.1 ⇨ bis zur Übergabe Einigung widerruflich

Systematik: e contrario §§ 873 II, 956 I S.2: dort ausdr. Unwiderruflichkeit geregelt

→ Daher: Widerruflichkeit bis zur Übergabe (+); dabei zumindest äußerl. **Erkennbarkeit** der Abstandnahme von Einigung nötig; a.A.: **Zugang** einer Widerrufserklärung erforderlich

Unter welchen Voraussetzungen liegt eine Übergabe i.S.v. § 929 S.1 BGB vor?

SachenR II, Rn. 31

Übergabe

(1)	**Besitzerwerb** des Erwerbers (*mittelb.* Besitz ausreichend)
(2)	**auf Veranlassung** des Veräußerers
(3)	Veräußerer behält **keinen Besitzrest** zurück

§ 930 BGB setzt die Verschaffung mittelbaren Besitzes voraus. Warum handelt es sich hierbei dennoch nicht um eine Übergabe i.S.v. § 929 S.1 BGB?

↳ SachenR II, Rn. 42

(1)	**Besitzerwerb** des Erwerbers in Form mittelbaren Besitzes (+)
(2)	auch **auf Veranlassung** des Veräußerers (+)
(3)	**Aber:** Veräußerer bleibt unmittelbarer Besitzer (bzw. bei gestuftem mittelb. Besitz mittelb. Besitzer) ⇨ keine **vollständige Besitzaufgabe**

⇨ **Keine** Übergabe i.S.v. § 929 S.1!

Stellt die Übertragung mittelbaren Besitzes durch Abtretung des zugrundeliegenden Herausgabeanspruches (§ 870 BGB) eine Übergabe dar?

(1)	**Besitzerwerb** des Erwerbers in Form mittelbaren Besitzes (+)
(2)	auch **auf Veranlassung** des Veräußerers (+)
(3)	Veräußerer verliert seinen mittelbaren Besitz, behält **keinen Besitzrest** zurück

Jedoch: lediglich Übertragung der bisherigen, keine Begründung einer **„neuen“** Besitzstellung

⇨ in diesem Fall **§ 931**, **nicht § 929 S.1**

Genügt für die Übergabe einer Sache die Überlassung an einen Besitzdiener oder an einen Besitzmittler?

Übereignung beweglicher Sachen

↳ SachenR II, Rn. 34 f.

Besitz**herr** wird unm. Besitzer	Wg. § 855: Besitzherr wird unm. Besitzer, auf Veranlassung des Veräußerers, vollständige Besitzaufgabe ⇨ Übergabe (+)
Besitz**mittler** wird unm. Besitzer	Erlangung mittelb. Besitzes beim Erwerber, übrige Voraussetzungen (+) ⇨ Übergabe (+)

Wie können bei der Übergabe Geheißpersonen eingeschaltet werden?

SachenR I: Karteikarte Nr. 28

Geheißerwerb

auf Veräußererseite: Auf Anweisung des Veräußerers übergibt Dritter (Geheißperson) Sache an Erwerber

→ Veräußerer war selbst nicht Besitzer

und / oder

auf Erwerberseite: Auf Geheiß des Erwerbers wird Sache an Dritten (Geheißperson) übergeben

→ Erwerber wird selbst nicht Besitzer

Wie lassen sich die Erwerbsvorgänge bei einem Streckengeschäft konstruieren?

↳ SachenR II, Rn. 37

Streckengeschäft

A veräußert an B, B veräußert an C; auf Anweisung des B liefert A direkt an C aus

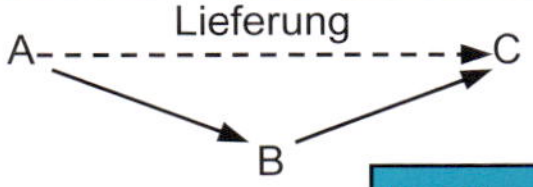

Durchgangserwerb, kein Direkterwerb A/C!

Konstruktion:

- A übereignet an B; Übergabe: C = Geheißperson des B (auf Erwerberseite)
- B übereignet an C; Übergabe: A = Geheißperson des B (auf Veräußererseite)

In welchem Verhältnis stehen die §§ 929 S.2, 930, 931 BGB zu § 929 S.1 BGB?

Übereignung beweglicher Sachen

Übergabesurrogate

§ 929 S.2	§ 930	§ 931

↓

Ggü. Übereignung nach § 929 S.1: *Nur* **Übergabe** wird ersetzt

⇨ übrige Voraussetzungen des Erwerbes sind zu prüfen; immer zusammen mit § 929 S.1 zitieren!

Welche Voraussetzungen enthält das Übergabesurrogat des § 930 BGB?

SachenR I: Karteikarte Nr. 30

§ 930

(2) Übergabe: Übergabesurrogat (vgl. KK Nr. 40)

(a)	Besitz des Veräußerers (mittelb. Bes. genügt)	
(b)	Besitzmittlungsverhältnis mit Erwerber: (vgl. KK Nr. 21)	
	(aa)	Konkretes Rechtsverhältnis
	(bb)	Tatsächlicher Herausgabeanspruch
	(cc)	Besitzmittlungswille des Veräußerers

Wie erfolgt nach den §§ 929 S.1, 930 BGB eine (Sicherungs-)Übereignung einer Sachgesamtheit (v.a. Warenlager) mit wechselndem Bestand?

SachenR I: Karteikarte Nr. 23

Sachgesamtheit mit wechselndem Bestand
Übereignung nach §§ 929 S.1, 930

Konstruktion: dingl. Einigung bzgl. noch zu erwerbender Sachen antezipiert; antezipierte Vereinbarung des Besitzmittlungsverhältnisses, § 930 (sog. antezezip. Besitzkonstitut)

Problem: Bestimmtheit

Allein aus Vereinbarung muss sich ergeben, welche *konkreten Sachen* übereignet werden sollen

Hierzu kann Vereinbarung einer Ausführungshandlung erforderlich sein: z.B.: gesonderte Etikettierung der fragl. Sachen

Wie kann ein mittelbarer Besitzer sein Eigentum übertragen?

↳ SachenR I: Karteikarte Nr. 27

Übereignung durch mittelbaren Besitzer

§ 929 S.1	§ 930	§ 931
Veräußerer veranlasst, dass Besitzmittler von nun an für Erwerber den Besitz mittelt ⇨ Übergabe (+)	Veräußerer bleibt mittelb. Besitzer, mittelt Besitz dem Erwerber: zweistufiger mittelb. Besitz, § 871	Abtretung des dem BMVerh. zugrundeliegenden Herausgabeanspruches, vgl. § 870

In welchen beiden Fällen genügt für die Übereignung nach §§ 929 S.1, 931 BGB die bloße dingliche Einigung?

SachenR II, Rn. 53, 57

Entbehrlichkeit der Abtretung bei Übereignung nach §§ 929 S.1, 931

Besitzlose Sache	Kein Herausgabeanspruch
z.B.: Ring auf Meeresgrund; Herausgabeanspruch gegen dritten Besitzer (§ 931) besteht nicht ⇨ bloße **dingl. Einigung genügt**	Anspruch aus § 985 nicht abtretbar , da untrennbar mit Eigentum verbunden ⇨ *ebenfalls*: **dingliche Einigung genügt**; *BGH*: § 185 analog: Veräußerer ermächtigt Erwerber zur Geltendmachung des § 985

Welchem Zweck dienen die Vorschriften der §§ 932 ff. BGB? Was ist der Träger des guten Glaubens?

↳ SachenR II, Rn. 67; SachenR I: Karteikarte Nr. 34

§§ 932 ff.

Zweck	Schutz des Erwerbers bei Nichtberechtigung des Veräußerers: Sicherheit und Leichtigkeit des Rechtsverkehrs

Gutglaubensträger

Besitz (bzw. bei Geheißerwerb seitens des Veräußerers: *Besitzverschaffungsmacht*)

Unter welchen allgemeinen Voraussetzungen findet ein gutgläubiger Erwerb nach den §§ 932 ff. BGB statt?

SachenR I: Karteikarte Nr. 34

Voraussetzungen des gutgläubigen Erwerbes, §§ 932 ff.

(1)	Rechtsgeschäft in Form eines Verkehrsgeschäftes
(2)	Voraussetzungen des jew. Erwerbstatbestandes + Besonderheiten der §§ 932 ff. (z.B. Übergabe § 933)
(3)	Guter Glaube, § 932 II
(4)	Kein Ausschluss nach § 935 (Abhandenkommen)

Was genau kann durch die §§ 932 ff. BGB überwunden werden?

SachenR II, Rn. 71 ff.; Basics Zivilrecht – Band 2, Rn. 207

Gegenstand des guten Glaubens

Eigentum des Veräußernden
nicht: wirksame Ermächtigung nach § 185 I (Ausnahme: § 366 I HGB) oder Vertretungsmacht des Vertreters des Veräußernden

Woran scheitert ein gutgläubiger Erwerb in Fällen vorweggenommener Erbfolge? (Erblasser hat Sache in Besitz, die ihm nicht gehört)

Übereignung beweglicher Sachen

↳ SachenR II, Rn. 68

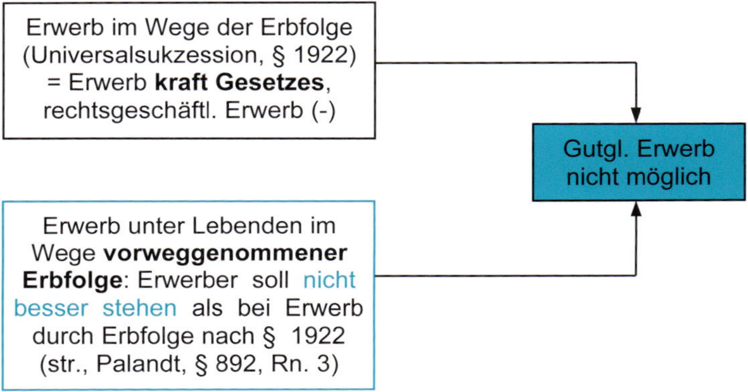

Wann liegt ein Verkehrsgeschäft vor?

↳ SachenR II, Rn. 68

Verkehrsgeschäft

Auf Erwerberseite muss **mindestens eine Person** stehen, **die nicht auf Veräußererseite** steht

↓

dabei *wirtschaftliche* Betrachtungsweise

↓

z.B.: Übereignung von Alleingesellschafter an Ein-Mann-GmbH *kein* Verkehrsgeschäft, obwohl formal zwei verschiedene Rechtssubjekte vorliegen

Liegt im Falle eines Insichgeschäfts i.S.v. § 181 BGB ein Verkehrsgeschäft vor? Wie gilt es zu differenzieren?

Fälle des § 181

- **Vertreter veräußert an sich selbst**
  → Verkehrsgeschäft (-), einzige Person auf Erwerberseite steht auch auf-Veräußererseite
- **Veräußerer ist zugleich Vertreter des Erwerbers**
  → Verkehrsgeschäft (+), mind. eine andere Person auf Erwerberseite: **Vertretener**!
- **Mehrfachvertretung: Vertreter vertritt Veräußerer und Erwerber zugleich**
  → Verkehrsgeschäft (+), vertretener Erwerber ist die erforderliche „andere Person“

Ist ein gutgläubiger Erwerb vom nichtberechtigten Minderjährigen möglich?

↳ Primäranspruch I, Rn. 123 f.

Gutgläubiger Erwerb vom Minderjährigen

⇨ dingl. Einigung nach § 107 nach allen Ansichten wirksam.

Arg:

1. Teleologische Reduktion § 107 (jedenfalls kein Nachteil)
2. Rechtsgedanke, § 165

h.M. TB im Übrigen (+)	⇔	a.A.: teleolog. Red. d. § 932
§ 932 schützt guten Glauben an Eigentum, nicht an Geschäftsfähigkeit ⇨ gutgläubiger Erwerb (+)		Wäre Vorstellung richtig, dass Mind. = Eig., wäre dingliche Einigung unwirksam ⇨ gutgläubiger Erwerb (-)

Ordnen Sie die §§ 932 ff. BGB den einzelnen Erwerbstatbeständen der §§ 929 ff. BGB zu!

Erwerb vom Berechtigten		Erwerb vom Nichtberechtigten
§ 929 S.1	→	§ 932 I S.1
§ 929 S.2	→	§ 932 I S.2
§ 930	→	§ 933
§ 931	→	§ 934

Findet ein Erwerb nach den §§ 929 S.1, 932 I S.1 BGB statt, wenn die Sache durch einen Dritten nur scheinbar auf Geheiß des Veräußerers überlassen wurde?

↳ SachenR I: Karteikarte Nr. 39

Scheingeheißerwerb

Problem: Übergabe?
Dritter handelte nicht tatsächlich auf Geheiß des Veräußerers, daher (-)

⇒

Überwindung nach § 932? *Tatsächliche* Besitzverschaffungsmacht ist Rechtsscheinsträger
Guter Glaube nur *aufgrund* des Rechtsscheins, nicht *an* den Rechtsschein *selbst* geschützt
⇨ (-) (a.A. BGH: Verkehrsschutz)

Wie ist der Begriff der Übergabe i.S.v. § 933 BGB zu verstehen?

↳ SachenR II, Rn. 99 f.

§ 933: Übergabe

Wie in § 929 S.1 zu verstehen: Verschaffung mittelbaren Besitzes genügt, wenn übrige Voraussetzungen gegeben (vgl. KK Nr. 44)

→ str., ob infolge Ermächtigung des Veräußernden erfolgte *Wegnahme* durch den Erwerber als Übergabe ausreichend, wohl zur Vermeidung von Rechtsmissbräuchen (-)

Besteht ein Wertungswiderspruch zwischen § 933 und § 934 1.Alt. BGB?

scheinbarer Wertungswiderspruch:	Bei Einräumung eines Besitzkonstituts (§ 930) und bei Übertragung des mittelb. Besitzes durch Abtretung (§§ 931, 870) wird Erwerber mittelb. Besitzer; jedoch bei § 933 *zusätzlich* Übergabe erforderlich, bei §§ 931, 934 nicht.
Auflösung:	RechtsscheinsTB erfüllt, wenn nicht nur Besitz*verschaffung*, sondern auch vollständige Besitz*aufgabe* seitens des Veräußerers ⇨ bei § 933 erst mit Übergabe, bei § 934 1.Alt. schon mit Abtretung!

Genügt für einen Eigentumserwerb nach den §§ 929 S.1, 931, 934 BGB auch die Abtretung eines nur vermeintlichen Herausgabeanspruches?

↳ SachenR II, Rn. 105

Abtretung eines vermeintlichen Herausgabeanspruches

Grds. ausreichend, da bei Fehlen eines Herausgabeanspruches Erwerb nach § 931 durch bloße dingl. Einigung möglich, vgl. KK Nr. 54

↓

Erfüllung des Rechtsscheinstatbestandes setzt gem. § 934 Alt. 2 jedoch Besitzerlangung (auf Veranlassung des Veräußerers) voraus!

Wann ist eine Sache abhandengekommen i.S.v. § 935 I BGB?

↳ SachenR I: Karteikarte Nr. 36; Basics Zivilrecht – Band 2, Rn. 210 f.

§ 935 I

= unfreiwilliger Besitzverlust unmittelbaren Besitzes; Differenziere:

- (+), wenn Eigentümer unmittelbarer Besitzer (wichtig: Entwendung durch Besitzdiener), § 935 I S.1
- (+), wenn Eig. mittelb. Besitzer und unfreiwilliger Besitzverlust beim Besitz*mittler*, § 935 I S.2

Führt die Besitzaufgabe durch einen nicht voll Geschäftsfähigen zum Abhandenkommen?

↳ SachenR II, Rn. 79; Basics Zivilrecht – Band 2, Rn. 212

Abhandenkommen

= unfreiwilliger Besitzverlust
⇨ Geschäftsfähigkeit nicht entscheidend, sd. *tatsächlicher* Wille des unm. Besitzers!

Beschränkt geschäftsfähig:
Soweit Urteilsfähigkeit reicht: Abhandenkommen (-)

Geschäftsunfähig:
Keine ausreichende Urteilsfähigkeit, Abhandenkommen (+)

Nennen Sie einige Vorschriften, die den guten Glauben an die Verfügungsbefugnis schützen!

Grundsatz	§§ 932 ff. schützen *nur* den guten Glauben an das **Eigentum**
Ausnahmen	• § 135 II bei relativen Verfügungsverboten, z.B. Verstrickung, § 136 • § 366 HGB; § 2113 III, § 2211 II

Guter Glaube an Verfügungsbefugnis

Ist der gute Glaube daran, dass der nach § 185 I BGB Ermächtigende Eigentümer ist, geschützt?

↳ SachenR II, Rn. 73

Fälle des § 185: Verfügender ist nicht Eigentümer, legt dies auch offen; grds. guter Glaube damit **zerstört**

↓

Aber: guter Glaube daran, dass *Ermächtigender* Eigentümer ist, nach §§ 932 ff. geschützt; stellt keinen guten Glauben an *Verfügungsbefugnis* dar, Ermächtigung muss tatsächlich vorliegen!

↓

Beachten: Rechtsschein muss dementsprechend den *ermächtigenden Dritten* legitimieren, z.B. § 932 I S.2: Besitz muss von *diesem* erlangt worden sein!

Kann der vormalige Eigentümer den gutgläubigen Erwerber in Anspruch nehmen?

↳ SachenR II, Rn. 108

Ausgleichsansprüche nach gutgl. Erwerb

§§ 989, 990	mangels Vindikationslage (-): mit Besitz wurde Erwerber sogleich Eigentümer
§§ 812 ff.	• § 812 I S.1 2.Alt.: (-), da Leistung des Nichtberechtigten = Subsidiarität der Nichtleistungskondiktion • § 816 I S.2: (+), sofern Unentgeltlichkeit
§ 823 I	nur bei leichter Fahrlässigkeit denkbar, sonst § 932 II (-); **aber**: Wertung der §§ 932 ff. würde umgangen, Rechtswidrigkeit (-)!

Beurteilt sich die Frage, ob der vormals Nichtberechtigte die Sache vom gutgläubigen Erwerber zurückerwerben kann, nach den §§ 932 ff. BGB?

SachenR I: Karteikarte Nr. 38

Rückerwerb durch Nichtberechtigten

Gutgläubiger Erwerber hat (Voll-)Eigentum erlangt
⇨ Rückerwerb ist Erwerb vom **Berechtigten**, §§ 932 ff. spielen keine Rolle!

In welchen Fällen soll ein Rückerwerb des Nichtberechtigten nicht möglich sein?

SachenR I: Karteikarte Nr. 38

Rückerwerb des Nichtberechtigten
aus Wertungsgründen wird in bestimmten Fällen automatischer Rückerwerb des **Eigentümers** angenommen

(1)	Von vorneherein geplante „Hin- und Herübereignung“
(2)	Übereignung war nur vorläufiger Natur (z.B.: Sicherungsübereignung)
(3)	Rückabwicklung des Kausalgeschäftes, z.B. Rücktritt

→ Dogmatisch kaum begründbar; problematisch wg. Abstraktionsprinzip!

Unter welchen Voraussetzungen findet ein gutgläubiger lastenfreier Erwerb nach § 936 BGB statt?

↳ SachenR I: Karteikarte Nr. 42; Basics Zivilrecht – Band 2, Rn. 228

Gutgläubiger lastenfreier Erwerb, § 936

(1)	Eigentumserwerb: vom Ber. oder vom NBer.
(2)	§ 936 I S.2, S.3: entspricht Anforderungen der §§ 932 I S.2 - 934 bzgl. des Rechtsscheinstatbestandes Besitz
(3)	Guter Glaube an Lastenfreiheit, § 936 II; wie § 932 II
(4)	Kein Abhandenkommen beim Rechtsinhaber, § 935 analog
(5)	Kein Ausschluss nach § 936 III

Was sind Zweck und Voraussetzungen der Ersitzung nach den §§ 937 ff. BGB?

Eigentumserwerb kraft Gesetzes

↳ SachenR I: Karteikarte Nr. 47

Ersitzung, §§ 937 ff.

Zweck	Schaffung von Rechtssicherheit bzgl. der Eigentumslage bei langzeitigem Eigenbesitz (wg. **Absolutheit** d. Eigentums)
Voraussetzungen	• unm. / mittelb. Eigenbesitz (§ 872) • 10 Jahre • guter Glaube, § 937 II

Bestehen bereicherungsrechtliche Rückabwicklungsansprüche, wenn ein Eigentumserwerb nach den §§ 937 ff. BGB stattgefunden hat?

↳ SachenR II, Rn. 260 ff.

Kondiktionsfestigkeit der Ersitzung

Grundsatz: Ersitzung ist Kondiktionsfest
Auch regelt Gesetzgeber, anders als z.B. bei Eigentumsverlust gem. §§ 946 ff. (dort § 951) keine bereicherungsrechtliche Ersatzpflicht
A.A.: Leistungskondiktion (+), sofern Ersitzender im Zuge fehlgeschlagener Leistungsbeziehung Besitz erlangt. Gem. § 818 I soll sich Herausgabepflicht auf Eigentum erstrecken

⇩

ABER: Aus Verjährungstechnischen Gründen nicht mehr denkbar, da bereicherungsrechtlicher Anspruch in max. 10 Jahren verjährt, § 199 IV.
⇨ einheitlich: §§ 937 ff. bieten Rechtsgrund für § 812 I 1.Alt. und 2.Alt., Kondiktionsansprüche (-).

Welche Ansprüche hat ein 6-Jähriger,
der für 5 € Brötchen kauft, wenn die Angestellte
das Geldstück in die Kasse gelegt hat?

↳ SachenR I: Karteikarte Nr. 49

§ 985 (-)	**§ 951 I (+)**
Übereignung wg. § 105 I (-); aber: mit Einlegen in Kasse trat Vermengung i.S.v. § 948 II ein	i.V.m. § 812 I S.1 1.Alt. (-), da keine Leistung des *Eigentums*: Geschäftsunfähiger konnte nicht wirks. übereignen
Rechtsfolge: aus Praktikabilitätsgründen restl. Kassenbestand als Hauptsache i.S.v. §§ 948 II, I, 947 II anzusehen; Bäcker wurde **Alleineigentümer** (a.A.: § 947 I Miteigentum)	⇨ i.V.m. § 812 I S.1 2.Alt. (Nichtleistungskondiktion) (+), Zahlung von 5 € (§ 818 II)

Unter welchen Voraussetzungen kommt es zum Eigentumserwerb nach § 950 I BGB?

↳ SachenR I: Karteikarte Nr. 50

§ 950

(1)	Verarbeitung / Umbildung (weit auszulegen)
(2)	neue bewegliche Sache (⇨ Verkehrsanschauung)
(3)	Wert der Verarbeitung / Umbildung nicht erheblich geringer als Wert der Ausgangsstoffe

Wie ist festzustellen, ob der Verarbeitungswert nicht erheblich geringer ist als der Wert des Ausgangsstoffes, § 950 I S.1 2. Hs. BGB?

↳ SachenR I: Karteikarte Nr. 50; SachenR II, Rn. 275

Wert des Endproduktes
- Wert der Ausgangsstoffe

= Wert der Verarbeitung

↓

§ 950 I S.1 (-), wenn dieser erheblich geringer ist als Wert der Ausgangsstoffe: 60% als Grenze

Wer ist Hersteller i.S.v. § 950 I S.1 BGB?

↳ SachenR II, Rn. 276; Basics Zivilrecht – Band 2, Rn. 247

Hersteller

⇨ wird Eigentümer der neuen Sache

↓

nicht erforderlich: Herstellung *mit eigenen Händen*; vielmehr: wirtsch. Betrachtungsweise, Herstellung *im wirtschaftlichen Interesse* einer best. Person (v.a.: Arbeitgeber, Besteller)

Kann § 950 BGB durch sog. „Verarbeitungsklauseln“ modifiziert werden?

SachenR II, Rn. 277

Verarbeitungsklauseln

Interesse v.a. beim verlängerten Eigentumsvorbehalt: Vb-Verkäufer soll Eigentümer der hergestellten Sache werden

e.A.	a.A.	BGH
§ 950 ist *zwingend*, Direkterwerb nicht möglich Durchgangserwerb über antezipierte Übereignung, §§ 929 S.1, 930	§ 950 ist *dispositiv*, denn: soll Interessenkonflikt lösen; durch Verarbeitungsklausel lösen Beteiligte den Konflikt *selbst*	§ 950 zwar *zwingend*, aber Person des Herstellers ist Parteivereinbarung zugänglich

Was geschieht bei Anerkennung der Wirksamkeit einer Verarbeitungsklausel mit dem Anwartschaftsrecht des Verarbeitenden an den unter Vorbehalt gelieferten Stoffen?

↳ SachenR II, Rn. 278

Verarbeitungsklausel

⇨ Vb-Verkäufer wird Eigentümer (KK Nr. 81); Anwartschaftsrecht erlischt, § 950 II; dies nicht interessengerecht.

e.A.	a.A.
(auch) § 950 II *dispositiv*. **Dagegen:** Würde zu gesetzl. nicht vorgesehener dingl. Surrogation führen	antezipierte Übereignung durch Vb-Verkäufer, §§ 929 S.2, 158 I ⇨ Vb-Käufer erhält *neues* Anwartschaftsrecht an hergestellter Sache

Wie kann das Eigentum an einem Sparbuch übertragen werden?

Eigentumserwerb kraft Gesetzes

↳ SachenR II, Rn. 281 ff.

Sparbuch = bewegl. Sache
⇨ grds.: Übereignung nach §§ 929 ff.

➡

Aber: Sparbuch (§ 808) ist Papier i.S.v. § 952 I

Recht *am* Papier folgt dem Recht *aus* dem Papier

⇨ Abtretung der Forderung gegen die Bank nach §§ 398 ff.; Eigentum am Sparbuch folgt, steht dem Zessionar zu

Wie hat die Prüfung der §§ 953 ff. BGB unter Zugrundelegung der Systematik der Vorschriften zu erfolgen?

Eigentumserwerb kraft Gesetzes

↳ SachenR II, Rn. 284 ff.; SachenR I: Karteikarte Nr. 51

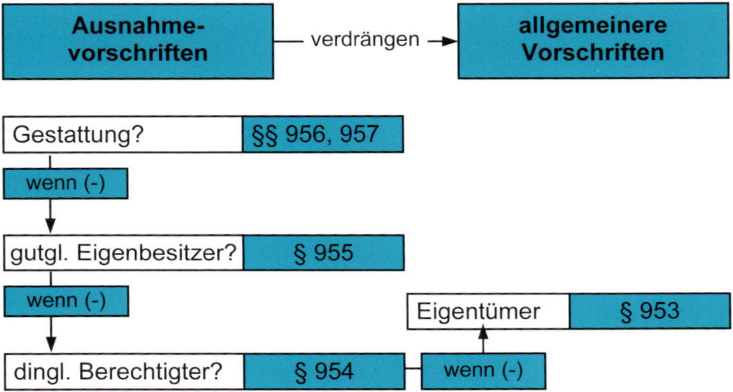

Was ist unter Dereliktion (bei bewegl. Sachen) zu verstehen und was sind deren Voraussetzungen?

Eigentumserwerb kraft Gesetzes

↳ SachenR I: Karteikarte Nr. 52

Dereliktion, § 959	= Aufgabe des Eigentums an einer Sache

(1)	Eigentümer gibt Besitz auf, vgl. § 856
(2)	Absicht, auf Eigentum zu verzichten

→ = Rechtsgeschäft, bestehend aus nicht empfangsbedürftiger WE (2) und Realakt (1)
⇨ volle Geschäftsfähigkeit erforderlich!

Worin liegt der Unterschied zwischen einer herrenlosen bzw. einer verlorenen Sache? Wie kann jeweils ein Eigentumserwerb stattfinden?

herrenlose Sache

Sache ist *eigentumslos*, originär (z.B.: wilde Tiere) oder wg. Dereliktion

⇨ Erwerb durch **Aneignung** möglich, §§ 958 ff.

verlorene Sache

Sache ist *besitzlos*, Besitzverlust dabei *ohne Willen* des Besitzers

⇨ Erwerb nach Vorschriften über **Fund** möglich, §§ 965 ff.

Unter welchen Voraussetzungen besteht ein Herausgabeanspruch nach § 985 BGB?

SachenR I: Karteikarte Nr. 56; Basics Zivilrecht – Band 2, Rn. 282

Herausgabeanspruch, § 985

(1)	Anspruchsteller ist Eigentümer
(2)	Anspruchsgegner ist (unm. / mittelb. [str.]) Besitzer
(3)	Anspruchsgegner hat kein Recht zum Besitz, § 986
(4)	Anspruch auch durchsetzbar: keine Einreden, v.a. § 1000

→ (1) – (3): sog. „Vindikationslage“

Welchen Inhalt hat der Anspruch aus § 985 BGB?

SachenR I: Karteikarte Nr. 56; SachenR I, Rn. 284 ff.

Anspruchsinhalt des § 985

gegen unm. Besitzer: aus § 985 Übertragung des unm. Besitzes; Problem: Anspruchsinhalt bei mittelb. Besitz des Anspruchsgegners?

Jedenfalls: Herausgabe des mittelbaren Besitzes, z.B. durch Abtretung des Herausgabeanspruches, § 870

Herausgabe des unm. Besitzes?

- nach h.M. (+): sonst Gefahr, dass durch Rückgabe an mittelb. Besitzer Titel auf Herausgabe mittelb. Besitzes wertlos wird, wenn §§ 989 ff. (+)
- Vollstr: nach § 886 ZPO (bei Fortdauer des mb. Besitzes) bzw. § 883 ZPO (bei Rückerlangung des unmb. Besitzes).

Zwischen welchen Besitzrechten unterscheidet § 986 I BGB? Nennen Sie Beispiele!

↳ SachenR I: Karteikarte Nr. 57

Besitzrechte, § 986 I

eigenes Besitzrecht § 986 I S.1 1.Alt.

- **dinglich**: z.B. Pfandrecht, Nießbrauch; str.: Anwartschaftsrecht
- **schuldrechtlich**: z.B. aus Kaufvertrag mit Eigentümer

abgeleitetes Besitzrecht § 986 I S.1 2.Alt.

Besitzerwerb von Person, die Besitzrecht ggü. Eigentümer hat (z.B. bei erlaubter Untervermietung!)

Gibt § 1000 BGB ein Recht zum Besitz?

↳ SachenR I, Rn. 299

§ 1000 als Besitzrecht?

BGH

Zurückbehaltungsrechte geben Recht zum Besitz: hat Besitzer ein ZBR, steht er berechtigtem Besitzer gleich ⇨ (+)

► BGH aber inkonsequent: Geltendmachung als Einrede erforderlich; Zug-um-Zug-Verurteilung, keine Abweisung der Klage

h.L.

Besitzrecht (-):

- ZBRe sollen Anspruch nicht beseitigen, sondern nur zur Zug-um-Zug-Verurteilung (§ 274) führen
- § 1000 setzt Anspruch nach §§ 994 ff. voraus; diese erfordern aber Vindikationslage im ZP der Verwendung ⇨ § 1000 wäre nie einschlägig, wenn er als Besitzrecht die Vindikationslage beseitigen würde!

Unter welchen Voraussetzungen besteht ein abgeleitetes Besitzrecht nach § 986 I S.1 2.Alt. BGB?

↳ SachenR I: Karteikarte Nr. 57

Abgeleitetes Besitzrecht
§ 986 I S.1 2.Alt.

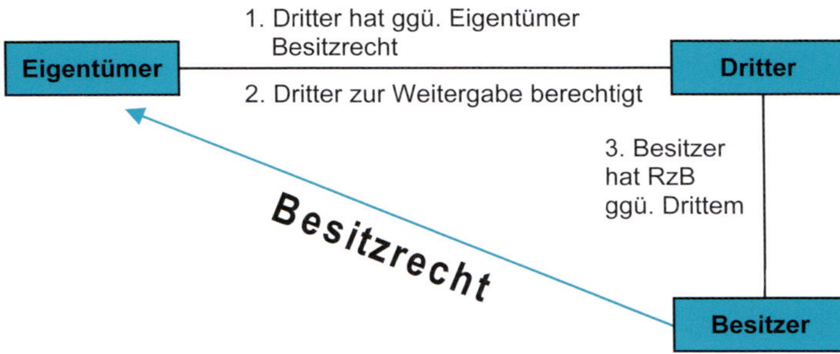

A hat der B-Bank seinen PKW nach den §§ 929 S.1, 930 BGB zur Sicherheit übereignet. Diese veräußerte den PKW unter Abtretung des Herausgabeanspruches an den Z. Kann dieser vor Verwertungsreife von A Herausgabe nach § 985 BGB verlangen?

➪ SachenR I, Rn. 304 f.

Anspruch des Z aus § 985?

Z = Eigentümer; Besitzrecht des A?

- eigenes BesitzR, § 986 I S.1 1.Alt. : AnwartschaftsR aus auflösend bedingter Übereignung (§ 158 II): str.; hier (-), da Sicherungsübereignung i.d.R. unbedingt

- gg. abgetretenen Anspruch aus SicherungsV besteht bis zur Verwertungsreife vertragliche Einwendung

⇨ § 986 II (+), § 985 (-)!

Sind folgende Vorschriften auf den Anspruch aus § 985 BGB anwendbar:

- §§ 398 ff.
- § 283 BGB
- § 281 BGB

↳ SachenR I: Karteikarte Nr. 58

§§ 398 ff.	§ 985 kann als sich originär aus dem Eigentum ergebender Anspruch nicht von diesem getrennt werden ⇨ nicht abtretbar **Aber:** Ermächtigung (§ 185 analog) an Dritten zur Geltendmachung möglich
§ 283	Anwendbarkeit (-), denn: §§ 989, 990 enthalten Spezialvorschriften, deren Wertungen anderenfalls umgangen würden
§ 281	BGH (Life&Law 11/2016): analoge Anwendbarkeit (+), wenn Bösgläubigkeit oder Rechtshänigigkeit; Schutz des Besitzers: Eigentumsverschaffung analog § 255

Ist § 285 BGB auf den Anspruch aus § 985 BGB anwendbar?

⇨ SachenR I, Rn. 309 f.

Anwendbarkeit von § 285 auf § 985 (-)

Grds. denkbar, da § 285 grds. auch auf gesetzliche Ansprüche anwendbar, **aber**:

- Eigentümer könnte gegen jeden vormaligen Besitzer diesen Anspruch geltend machen ⇨ ungerechtfertigte *Privilegierung*
- Besitzer wäre aufgrund häufig gegebenem Anspruch aus §§ 283, 280 I oftmals *doppelt belastet*
- §§ 989, 990 regeln Rechtsfolgen der Unmöglichkeit abschließend ⇨ Anwendbarkeit (-)!

Welche Folgeansprüche regeln die §§ 987 ff. BGB?

↳ SachenR I, Rn. 264; Basics Zivilrecht – Band 2, Rn. 276 f.

Schadensersatz → §§ 989, 990, 991 II

Nutzungsersatz → §§ 987, 990, 988, 991 I

Verwendungsersatz → §§ 994 ff.

Wie unterscheidet das Gesetz bzgl. des Anspruches des Eigentümers auf Schadensersatz?

↳ SachenR I, Rn. 363 ff.

Anspruch auf Schadensersatz nach §§ 989 ff.

redlicher, unverklagter und nichtdeliktischer Besitzer	§ 993 I HS.2: keine Schadensersatzpflicht; Ausnahmen: § 991 II, Fremdbesitzerexzess
verklagter Besitzer (= nach Rechtshängigkeit)	§ 989 und § 826
bösgläubiger Besitzer	§ 990 I S.1, 989 und § 826
deliktischer Besitzer	(zusätzlich:) § 992 i.V.m. §§ 823 ff.

Unter welchen Voraussetzungen besteht ein Anspruch aus den §§ 990 I, 989 BGB?

SachenR I, Rn. 364 ff.

Anspruch aus §§ 990 I, 989

(1)	Vindikationslage im ZP der Verletzungshandlung
(2)	Bösgläubigkeit des Besitzers bei Besitzerwerb, § 990 I S.1, bzw. spätere Kenntnis S.2 vor Verletzungshdlg.
(3)	Verschlechterung der Sache oder Unmöglichkeit der Herausgabe (§ 989)
(4)	Verschulden des Besitzers (§ 989)

Findet eine Zurechnung der Bösgläubigkeit eines Besitzdieners, der beim Erwerb des Besitzes eingeschaltet wurde, statt?

SachenR I: Karteikarte Nr. 60

Zurechnung der Bösgläubigkeit bei Besitzdienern

h.M.: § 166 I analog

Vergleichbarkeit der Interessenlagen dann (+), wenn BD. bei Besitzbegründung freie Hand hatte und damit vertreterähnlich auftrat

a.A.: § 831 I analog

wg. Deliktsähnlichkeit der §§ 989, 990; dagegen: Exkulpationsmöglichkeit wird i.d.R. als *unbillig* angesehen

Wann ist bei einem minderjährigen Besitzer von Bösgläubigkeit i.S.v. § 990 I BGB auszugehen?

↳ SachenR I, Rn. 345 ff.

Bösgläubigkeit bei minderjährigem Besitzer

↓

Bei deliktischer Besitzerlangung: auf den einsichtsfähigen Minderjährigen abzustellen, **§ 828 III analog;**

Bei vertraglicher Besitzerlangung **entspr. §§ 107 ff.** auf gesetzl. Vertreter abzustellen

Wie kann das Verschulden Dritter im Rahmen von § 989 BGB dem Besitzer zugerechnet werden? Kommt auch eine Haftung ohne Verschulden i.S.v. § 276 BGB in Betracht?

⇨ SachenR I, Rn. 367

Verschulden i.S.v. § 989

Grds. technischer Verschuldensbegriff, § 276 I: Haftung für Vorsatz und (jede) Fahrlässigkeit

§ 278	§§ 985 ff. begründen dingl. Schuldverhältnis ⇨ § 278 anwendbar, Zurechnung des Verschuldens von Erfüllungsgehilfen
Zufallshaftung	Verzugsvorschriften (nur!) beim bösgl. Besitzer anwendbar, § 990 II ⇨ auch § 287 S.2, **Zufallshaftung**

Wird nach § 989 BGB auch der sog. Vorenthaltungsschaden ersetzt? Was gilt für Schäden aus einem Deckungsgeschäft?

↳ SachenR I, Rn. 368

§ 989:
Ersatz von Vorenthaltungsschäden?

= Schäden, die dem Eigentümer durch Vorenthaltung der Sache entstehen

⇩

⇨ typischer Verzögerungsschaden i.S.d. § 286 I; daher **nur** ersetzbar nach den §§ 990 II, 280 I, II, 286 I,
nicht nach §§ 989, (990)

⇨ Schaden aus Deckungsgeschäft ist kein Substanzschaden
nicht nach §§ 989, (990)
Nach h.M. aber § 281 analog bei Bösgl. oder Rechtshängigkeit

Sind die §§ 989, 990 BGB auf den sog. „nicht-so-berechtigten“ Besitzer anwendbar?

↳ SachenR I, Rn. 324

Nicht-so-berechtigter Besitzer

Fremdbesitzer hat BesitzR, überschreitet es aber, z.B.: Mieter beschädigt Sache des Vermieters

e.A.

Überschreiten nicht anders zu behandeln als *Fehlen* des Besitzrechts
⇨ §§ 989, 990 (+)

h.M.

Vindikationslage und §§ 989, 990 (-), da Besitzrecht (+)

- §§ 987 ff. enthalten Privilegierungen; kein Grund ersichtlich, diese dem Schädiger zukommen zu lassen;
- vertragl. SE-Anspruch genügt

Wie wirkt sich das „Aufschwingen“ vom Fremd- zum Eigenbesitzer im Rahmen eines Eigentümer-Besitzer-Verhältnisses aus?

➪ SachenR I: Karteikarte Nr. 59

Aufschwingen vom Fremd- zum Eigenbesitzer

Unberechtigter Fremdbesitzer begründet Eigenbesitz (§ 872)

↓

Nach h.M. Besitzerlangung i.S.d. § 990 I S.1; arg: Eigen- und Fremdbesitz sind wesensverschieden; relevant insbesondere bei Übereignung gem. § 929 S.2! Relevanz: Es schadet grobe Fahrlässigkeit und nicht nur Kenntnis (S.2!).

In welchen Fällen kommt § 991 II BGB zur Anwendung? Was ist die Rechtsfolge?

SachenR I: Karteikarte Nr. 62

§ 991 II

Fallgruppe:
nichtberechtigter Besitzer *mittelt* seinen Besitz einem Dritten; Besitzer ist bzgl. Besitzrecht *gutgläubig*, daher grds. §§ 990, 989 (-)

↓

Dennoch Anspruch d. Eigentümers auf SE nach §§ 991 II, 989, wenn und soweit Besitzer ggü. Drittem haften würde bzw. haftet: insoweit Besitzer nicht schutzwürdig (beachten: auch vertragl. Haftungsprivilegierungen wie z.B. § 690 finden Anwendung)

Was ist unter einem Fremdbesitzerexzess zu verstehen? Welche Rechtsfolgen zieht ein solcher nach sich?

↳ SachenR I: Karteikarte Nr. 62

Fremdbesitzerexzess

Fallgruppe:
wie § 991 II, jedoch *2*-, nicht *3*-Personen-Verhältnis: *gutgläubiger*, *nichtberechtigter* Fremdbesitzer fügt Schaden i.S.d. § 989 zu, für den er bei Wirksamkeit des Rechtsverhältnisses zum Eigentümer (z.B. Miete) diesem haften würde

↓

Ausschluss von SE-Ansprüchen nach § 993 I HS.2 wäre unbillig, *Fremd*besitzer kann nicht mit sanktionsloser Beschädigung der Sache rechnen
⇨ §§ 823 ff. entgegen § 993 I HS.2 anwendbar

Muss bzgl. eines deliktischen Anspruches gegen einen Dieb auf Rückgabe der gestohlenen Sache auf § 992 BGB zurückgegriffen werden?

↳ SachenR I, Rn. 372

Ausschlusswirkung des EBV bzgl. SE-Ansprüche erst, wenn Vindikationslage im ZP der schadensstiftenden Handlung vorliegt

Dieb *begründet* mit Diebstahl die Vindikationslage erst

↓

Daher: §§ 823 ff. bzgl. Diebstahl selbst *ohne* Rückgriff auf § 992 anwendbar; Zeitraum *danach*: jetzt Vindikationslage, §§ 987 ff. gelten

Worin liegt die Verschärfung der Haftung des deliktischen Besitzers?

SachenR I, Rn. 371

Verschärfte Haftung des deliktischen Besitzers, § 992

- §§ 823 ff. ersetzen **auch Vorenthaltungsschäden**, Im EBV nur nach §§ 990 II, 280 I, II, 286 I.
- häufig: **Zufallshaftung** nach § 848 Im EBV nur nach §§ 990 II, 287 S.2

Haftet der nach § 858 II S.2 BGB fehlerhaft besitzende Rechtsnachfolger nach den §§ 992, 823 ff. BGB?

§ 992 setzt **verbotene Eigenmacht**, nicht (lediglich) **fehlerhaften Besitz** voraus

Verbotene Eigenmacht i.S.d. § 858 I muss *selbst* verübt sein; § 858 II S.2 genügt nicht!

→ nach h.M. weitere Voraussetzung: verbotene Eigenmacht muss **schuldhaft** verübt worden sein i.S.v. § 276

Ist für einen Anspruch aus § 826 BGB ein nach § 992 BGB erlangter Besitz erforderlich?

Deliktischer Besitz (§ 992) erforderlich, wenn Anspruch anderenfalls wg. **§ 993 I HS.2** durch EBV verdrängt

§ 826	§ 826 neben EBV *immer* anwendbar, da vorsätzlich sittenwidrig Schädigender nicht schutzwürdig ist

Stellt der Verbrauch / die Verarbeitung einer Sache eine Nutzung derselben dar?
Worauf sind Ansprüche auf Nutzungsherausgabe gerichtet?

⇘ SachenR I, Rn. 374 f.

Nutzung = Früchte / Gebrauchsvorteile, § 100;
Voraussetzung ist, dass die „Muttersache“ erhalten bleibt
⇨ Verbrauch / Verarbeitung **keine** Nutzung

Anspruchsinhalt:	• wenn Nutzung = Sache (z.B. geerntetes Obst): Verschaffung des Besitzes; falls Besitzer Eigentümer wurde (z.B. bei § 955): auch Übereignung • wenn Nutzung keine Sache: Wertersatz

Wie differenzieren die §§ 987 ff. BGB bzgl. der Ansprüche auf Nutzungsherausgabe nach der Art des Besitzes?

↳ SachenR I, Rn. 373 ff.

Anspruch auf Nutzungsherausgabe

redlicher, unverklagter u. entgeltlicher Besitzer	§ 993 I HS.2: grds. kein Anspruch
unentgeltlicher Besitzer	§ 988
verklagter Besitzer (nach Rechtshängigkeit)	§ 987
bösgläubiger Besitzer	§ 990 I S.1, 987

Gelten bzgl. der Bösgläubigkeit des minderjährigen Besitzers bei §§ 990 I, 987 die gleichen Erwägungen wie bei § 990 I, 989 BGB?

➪ SachenR I, Rn. 347; Basics Zivilrecht – Band 2, Rn. 331

Bösgläubigkeit des Minderjährigen bei §§ 990 I, 987

↓

H.M (+): wie bei § 989 auf Art der Besitzerlangung abstellen (vgl. KK 99)

Steht dem unentgeltlich erlangten Besitz i.S.v. § 988 BGB der rechtsgrundlose Besitz gleich?

⇘ SachenR I: Karteikarte Nr. 64

Rechtsgrundlos = unentgeltlich?
§ 988

Nach Wortlaut § 988 eher (-), da auf *Inhalt*, nicht *Wirksamkeit* der zugrundeliegenden schuldrechtl. Vereinbarung abzustellen ist

Gefahr des Wertungswiderspruches bei gescheitertem Kauf:

- ist Übereignung wirksam, besteht i.R.d. §§ 812 I S.1 1.Alt., 818 I Anspruch auf Nutzungsersatz
- bei Unwirksamkeit der Übereignung (⇨ EBV) würde bei Versagung des Nutzungsersatzanspruches Besitzer *besser* stehen als bei Erwerb des Eigentums (s.o.)

⇨ Anspruch (+); BGH: § 988 analog; Lit.: §§ 812 ff. direkt

In welchen Fällen kommen Literatur und Rechtsprechung bei der Problematik des rechtsgrundlosen Besitzers zu unterschiedlichen Ergebnissen?

↳ SachenR I, Rn.382 ff.

BGH		**Lit.**
§ 988 analog	⟷	§§ 812 ff.

Unterschied nur im Dreipersonenverhältnis:

z.B.: **D** stiehlt Sache von Eigentümer **E**, veräußert sie an (gutgl.) **K**, Kaufvertrag nichtig (z.B. Anfechtung)

Nach **BGH**: § 988 analog E gegen K

Nach **Lit.**: E hat keinen Anspruch aus § 812 I S.1 2.Alt. gegen K, da Nutzungen durch D geleistet wurden: Vorrang der Leistungsbeziehung!

⇨ E muss sich an D halten; K kann Nutzungsersatzanspruch des D Rückzahlungsanspruch aus § 812 I S.1 1.Alt. entgegenhalten

Wer soll durch § 991 I BGB geschützt werden? Was sind demnach die Voraussetzungen der Vorschrift?

↬ SachenR I: Karteikarte Nr. 65

§ 991 I

Bösgl. Besitzmittler soll Nutzungen dann nicht ersetzen müssen, wenn er gutgl. mittelb. Besitzer in Regress nehmen könnte ⇨ mittelb. Besitzer wird geschützt!

(1)	Voraussetzungen der §§ 990, 987 beim Besitzmittler
(2)	Mittelbarer Besitzer ist gutgläubig / unverklagt
(3)	Besitzmittler könnte diesen in Regress nehmen, z.B. §§ 536 III, 536a I gegen Vermieter (jedoch (-), wenn pos. Kenntnis des Mieters, § 536b!)

→ **Rechtsfolge:** Nutzungsersatzanspruch gegen **Besitzmittler** ist ausgeschlossen

Was ist generell unter Verwendungen zu verstehen? Zwischen welchen Arten von Verwendungen differenzieren die §§ 994 ff. BGB?

↳ SachenR I, Rn. 392 ff.; Basics Zivilrecht – Band 2, Rn. 373 ff.

Verwendungen

= freiwillige Vermögensopfer, die einer Sache zugute kommen sollen

Notwendig (§ 994)	Nützlich (§ 996)	LuxusVerw.
Obj. erforderlich, um Sache in ihrem Bestand zu erhalten, z.B.: Reparatur, Fütterung eines Tieres	Nicht notwendig, erhöhen jedoch den objektiven Wert der Sache (vgl. § 996)	Weder notwendig noch nützlich; nur WegnahmeR nach § 997

Wie unterscheiden sich die Lehren vom engen und weiten Verwendungsbegriff?
Wie lassen sich diese Ansichten argumentativ begründen?

SachenR I, Rn. 393; Basics Zivilrecht – Band 2, Rn. 372

Enger Verwendungsbegriff (BGH)	**Weiter Verwendungsbegriff (Lit.)**
Verwendung (-) bei **grundlegender Veränderung** der Sache	Verwendung auch bei **grundlegender Veränderung** der Sache (+)
Arg.: allgem. Sprachgebrauch „Verwendung“	**Arg.:** • allgem. Sprachgebrauch „Verwendung“ gibt es nicht • v.a.: Eigentümer wäre beim gutgl. Besitzer auch nicht vor Zerstörung geschützt, § 993 I HS.2
Zweck: Eigentümer soll vor betragsmäßig hohem Verwendungsersatz geschützt werden	

Ist für die Frage, ob eine Verwendung notwendig ist, auf die Sichtweise des Eigentümers abzustellen? (Z.B.: Besitzer lässt Heizung instand setzen, Eigentümer will aber Haus ohnehin abreißen)

Beurteilung der „Notwendigkeit“: wessen Sichtweise maßgeblich?

systematische Auslegung:
Erst durch Verweisung des § 994 II in Vorschriften der GoA ist Willensrichtung *des Eigentümers* maßgeblich (berechtigte / unberechtigte GoA)
⇨ bei § 994 I: Frage der Notwendigkeit nach vom Besitzer verfolgtem Zweck zu beurteilen

Welcher Art ist die Verweisung in § 994 II BGB?

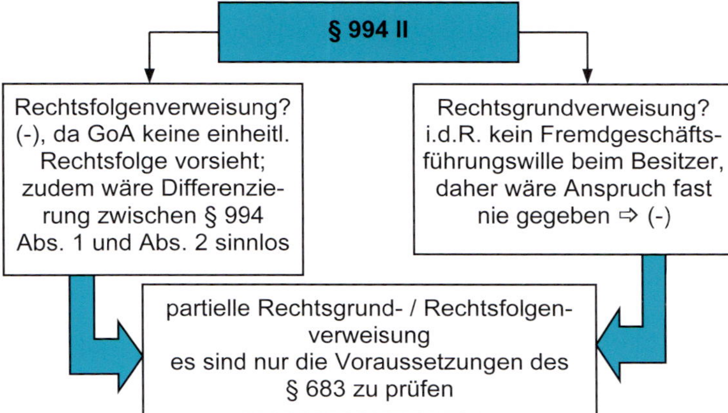
§ 994 II
Rechtsfolgenverweisung? (-), da GoA keine einheitl. Rechtsfolge vorsieht; zudem wäre Differenzierung zwischen § 994 Abs. 1 und Abs. 2 sinnlos
Rechtsgrundverweisung? i.d.R. kein Fremdgeschäftsführungswille beim Besitzer, daher wäre Anspruch fast nie gegeben ⇨ (-)
partielle Rechtsgrund- / Rechtsfolgenverweisung
es sind nur die Voraussetzungen des § 683 zu prüfen

Kann im Falle einer Errichtung eines Hauses durch den nichtberechtigten Besitzer des Grundstückes ein Ersatzanspruch nach den §§ 951, 812 ff. BGB geltend gemacht werden?

⇨ SachenR I, Rn. 360 ff.

Verhältnis § 994 zu §§ 951, 812 ff.

BGH: Theorie der absoluten Sperrwirkung	a.A. (Lit.)
BGH will den Eigentümer *insgesamt* vor hohen Ausgleichsansprüchen schützen	Wenn wg. engem Verwendungsbegriff Verwendung (-), dann §§ 951, 812 ff. (+)
§ 994 unanwendbar (s.o.) ⇨ auch §§ 951, 812 ff. ausgeschlossen	Anderenfalls würde besitzender Verwender ohne Grund schlechter gestellt als nicht besitzender Verwender
	Interessengerechter Ausgleich über Grundsätze der aufgedrängten Bereicherung möglich

Wozu bedurfte es neben § 273 BGB der Normierung des § 1000 BGB?

➥ SachenR I, Rn. 409; Basics Zivilrecht – Band 2, Rn. 389

Sinn des § 1000 neben § 273

↓

ZBR des § 273 setzt *fälligen* Gegenanspruch voraus; Verwendungsersatzanspruch ist aber vor Rückgabe bzw. Genehmigung nach § 1001 nicht fällig

⇨ Sonderregelung des § 1000 erforderlich

Wie versucht der BGH den Werkunternehmer zu schützen, der eine Sache repariert hat, die dem Besteller nicht gehört, wenn das Besitzrecht des Bestellers nach der Reparatur wegfällt?

↳ SachenR I, Rn. 325 f.

BGH: Anspruch aus § 994 (+)

1. Problem: Keine Vindikationslage im Zeitp. der Verwendung	**2. Problem:** Person des Verwenders
BGH: nicht-mehr-ber. Besitzer würde schlechter stehen als *anfänglich* nichtber. Besitzer	wirtsch. Betrachtungsweise wie in § 950 (Person des Herstellers)?
⇨ ausreichend, dass im Zeitp. des Herausgabeverlangens Vindikationslage (+)	Nein, anders als § 950 soll nicht Güterzuordnung geregelt, sondern Besitzer geschützt werden, der Vermögensopfer erbringt ⇨ Werkuntern. = Verwender

Welche Arten von Pfandrechten (an beweglichen Sachen und an Rechten) gilt es zu unterscheiden?

SachenR II, Rn. 193 f.

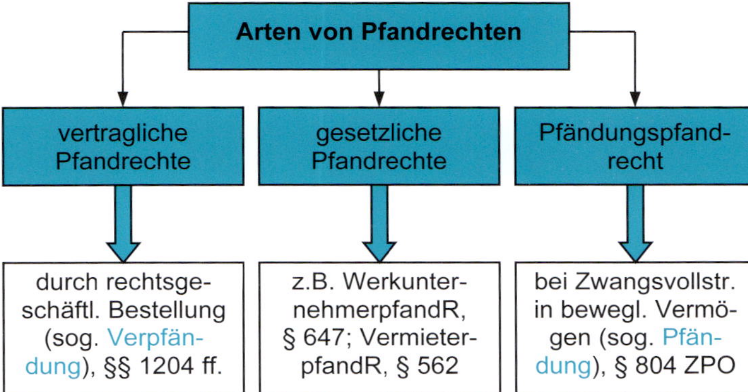

Warum haben Sicherungsübereignung und Sicherungsabtretung gegenüber der Verpfändung von beweglichen Sachen bzw. von Forderungen die größere praktische Bedeutung?

↳ SachenR I: Karteikarte Nr. 68

Verpfändung beweglicher Sachen

Nachteil: § 1205: Verpfänder darf keinen Besitz behalten; Interesse jedoch daran, dass Verpfänder mit Sache wirtschaften kann

Daher: Sicherungsübereignung entwickelt; bei Übereignung nach §§ 929 S.1, 930 kann SiGeber Besitzer bleiben

Verpfändung von Forderungen

Nachteil: § 1280: Anzeige an Schuldner erforderlich; Publikwerden der Verpfändung nicht im Interesse des Verpfänders

Daher: Sicherungsabtretung entwickelt; „stille" Zession möglich, § 398

Unter welchen Voraussetzungen entsteht ein rechtsgeschäftliches Pfandrecht an beweglichen Sachen?

↬ SachenR I: Karteikarte Nr. 68; Basics Zivilrecht – Band 2, Rn. 393

Rechtsgeschäftliches Pfandrecht an bewegl. Sachen

(1)	Dingliche Einigung über Pfandrechtsbestellung
(2)	Übergabe bzw. Übergabesurrogat, vgl. §§ 1205 f.
(3)	Einigsein in diesem ZP
(4)	Bestehen der gesicherten Forderung (wg. strenger Akzessorietät des Pfandrechtes)
(5)	Berechtigung des Verpfänders; anderenfalls gutgl. (Erst-) Erwerb prüfen, § 1207

Kann das Pfandrecht zur Sicherung einer künftigen oder bedingten Forderung bestellt werden? Zu welchem Zeitpunkt entsteht ein solches Pfandrecht?

↳ SachenR II, Rn. 210

Pfandrecht zur Sicherung einer künftigen / bedingten Forderung

Nach § 1204 II möglich; künftige Forderung muss hinreichend bestimmt sein, wie bei § 1113 II

↓

Rechtsfolge: Pfandrecht entsteht *mit Bestellung*; bis zur Forderungsentstehung zwar nicht verwertbar (vgl. § 1228 II), aber Rangwahrung nach § 1209!

Ist der gutgläubige (Erst-)Erwerb eines gesetzlichen Pfandrechtes möglich?

↳ SachenR I: Karteikarte Nr. 75

Gutgl. Erwerb gesetzl. Pfandrechte

→ Besitzlose PRe unstr. (-), da RechtsscheinTB fehlt, z.B. § 562

↓ PRe mit Besitz des PfandGl. z.B. § 647: nach h.M. ebenfalls (-):

- **§ 1257**: Anwendbarkeit d. §§ 1204 ff. (v.a. § 1207) setzt *entstandenes* PR voraus, hier wird aber *Entstehung* betrachtet

- **§ 366 III HGB analog**: vergleichbare Interessenlage fehlt; HGB-Norm ist Spezialvorschrift für *Kaufleute*

- gutgl. Erwerb setzt **Rechtsgeschäft** voraus
  ⇨ beim gesetzl. PR (-)

Kann der Werkunternehmer wirksam durch AGB's eine Bestellung eines rechtsgeschäftlichen Pfandrechts an den Sachen des Bestellers herbeiführen?

Rechtsgeschäftl. PR des Werkunternehmers durch AGB's

Vereinbarkeit mit § 307 II?

BGH: Zulässigkeit (+)

Werkuntern. muss sich absichern, da gutgl. Erwerb des § 647 nicht möglich

a.A.: Zulässigkeit (-)

Wg. § 647 ist Bestellung des PR durch AGB's *nur* für den Fall, dass Besteller nicht Eigentümer ist, von Bedeutung
⇨ Besteller wird in SE-Pflicht ggü. Eigentümer getrieben, unangemessene Benachteiligung!

Welche Rechtsfolge zieht die Erfüllung der gesicherten Forderung nach sich?

SachenR II, Rn. 216 ff.; Basics Zivilrecht – Band 2, Rn. 404 ff.

Erfüllung der gesicherten Forderung

Verpfänder und Schuldner personen*identisch*

Forderung (§ 362) und Pfandrecht (§ 1252) erlöschen

Verpfänder und Schuldner personen*verschieden*

- Verpfänder zahlt: Erwirbt Forderung (§ 1225) und damit Pfandrecht (§ 401)
- Schuldner zahlt: Forderung (§ 362) und Pfandrecht (§ 1252) erlöschen

→ eine dem § 1164 entsprechende Vorschrift existiert nicht!

Nennen Sie weitere Erlöschensgründe für das Pfandrecht!

Weitere Erlöschensgründe

- Rückgabe der Pfandsache, § 1253
- gutgl. lastenfreier Erwerb, § 936
- wirksamer Pfandverkauf, § 1242
- Aufhebung, § 1255
- Untergang der Pfandsache
- Zusammentreffen von PR und Eigentum, § 1256

Welche Stellung nimmt der Gerichtsvollzieher beim Pfandverkauf ein?

SachenR II, Rn. 219

Stellung des Gerichtsvollziehers beim Pfandverkauf

§§ 1235 I, 383 III S.1: Tätigwerden nicht als Hoheitsträger, sondern als Stellvertreter des Pfandgläubigers

(1)	Durch Zuschlag (§ 156) kommt Kaufvertrag zwischen PfandGl. und Ersteher zustande
(2)	Mit Ablieferung an Ersteher wird dieser (rechtsgeschäftlich, §§ 929 ff.) Eigentümer

Liegt in der fehlenden Verweisung des § 1244 BGB auf § 935 BGB ein redaktionelles Versehen?

↳ SachenR II, Rn. 220

Beim Pfandverkauf im Wege der öffentlichen Versteigerung (§ 1235 I) ist Abhandenkommen ausgeschlossen, § 935 II

⇨ fehlende Verweisung auf § 935 kein Redaktionsversehen, sondern nur konsequent

Wie erfolgt die Übertragung eines Pfandrechtes?
Ist ein gutgläubiger Zweiterwerb möglich?

↳ SachenR I: Karteikarte Nr. 70; Basics Zivilrecht – Band 2, Rn. 399

Übertragung des Pfandrechtes	Erfolgt durch Abtretung der gesicherten Forderung, § 1250 I

Gutgläubiger Zweiterwerb	• unschädlich, dass Erwerb nur *mittelbar* aufgrund eines Rechtsgeschäfts (Abtretung)
	• aber: Rechtsscheinsträger Besitz geht nicht auf Erwerber über; dies ist aber Voraussetzung des gutgl. Erwerbes ⇨ gutgl. ZwE (-)!

Wie wird der Pfandgläubiger vor Beeinträchtigungen geschützt?

SachenR I: Karteikarte Nr. 72

Schutz des Pfandgläubigers

- **§ 823 I**: PfandR = sonstiges Recht i.S.v. § 823 I
- **§§ 1227, 985 ff.**: Vorschriften des EBV entsprechend anwendbar
- **§§ 823 I, 1004**: Unterlassungs- / Beseitigungsanspruch

Wie erfolgt die Verpfändung einer Forderung?

SachenR I: Karteikarte Nr. 69

Entstehung eines Pfandrechts an einer Forderung

(1)	Dingliche Einigung über Pfandrechtsbestellung
(2)	Anzeige an Drittschuldner, § 1280
(3)	Bestehen der gesicherten Forderung (wg. strenger Akzessorietät des Pfandrechtes)
(4)	Berechtigung des Verpfänders: Verpfänder ist Gläubiger der zu verpfändenden Forderung

V will G seine am Grundstück des E bestehende Hypothek verpfänden. Unter welchen Voraussetzungen entsteht woran ein Pfandrecht?

↳ SachenR I: Karteikarte Nr. 69

Verpfändung richtet sich nach Vorschriften der **Übertragung**, § 1274 I: Wg. § 1153 II ist Hypothek nicht isoliert übertrag- und damit verpfändbar
⇨ hypothekarisch gesicherte Forderung wird verpfändet, akzessorische Hypothek läuft mit (Pfandrecht entsteht *auch* an Hypothek)

↓

Dabei beachten: Form des § 1154 bei Verpfändung der hyp. gesicherten Forderung; dafür entfällt Anzeigepflicht nach § 1280; i.ü. vgl. KK Nr. 135

Unter welchen Voraussetzungen liegt ein Anwartschaftsrecht vor?

SachenR I: Karteikarte Nr. 77

Anwartschaftsrecht

Ein Anwartschaftsrecht (AWR) liegt vor, wenn

- bei einem mehrstufigen Erwerbstatbestand so viele Stufen des Vollrechtserwerbes verwirklicht sind,
- dass der bisherige Rechtsinhaber den Vollrechtserwerb nicht mehr einseitig verhindern kann.

Welchen wichtigsten Fall der Entstehung eines AWR kennen Sie? Warum liegt ein AWR vor?

SachenR I: Karteikarte Nr. 77

Examens-relevantester Fall des AWR

Bedingte Übereignung bewegl. Sachen (v.a.: Eigentumsvorbehalt):
AWR besteht, wenn (bedingte) dingl. Einigung und Übergabe / Übergabesurrogat (+); bis zum Bedingungseintritt

Teilverwirklichung des Erwerbstatbestandes

(+), da dingl. Einigung nur bedingt, § 158 I

Keine einseitige Zerstörung durch bish. Inhaber

- bedingte dingl. Einigung ist bindend, nicht widerruflich
- Schutz vor Zwischenverfügungen nach § 161

Welche weiteren Erscheinungsformen von AWRen kennen Sie?

↳ SachenR II, Rn. 130 ff.

Weitere AWRe

Recht des Nacherben zwischen Erbfall und Nacherbfall: geschützt durch §§ 2111 ff.

Recht des zukünftigen Hypothekars vor Valutierung: Entstehung der Darlehensforderung als letzte Voraussetzung der Entstehung der Hypothek hängt *nur* von ihm ab

Grundstückserwerb: AWR des Käufers:

- ab Eintragung einer Vormerkung, Schutz durch §§ 883 II, 888
- nach Auflassung und Stellung des Eintragungsantrages *durch den Käufer* ⇨ grundbuchrechtl. Schutz vor Zwischenverfügungen nach § 17 GBO (Prioritätsgrundsatz) (str.)

Nennen Sie die Entstehungsvoraussetzungen für ein AWR beim Vorbehaltskäufer!

SachenR II, Rn. 140 ff.

AWR des Vorbehaltskäufers

(1)	**Dingliche Einigung** unter aufsch. Bedingung (§ 158 I) vollständiger Kaufpreiszahlung, § 929 S.1
(2)	**Übergabe** / Übergabesurrogate (vgl. Übereignung!)
(3)	**Einigsein** im ZP der Übergabe / des für das Übergabesurrogat relevanten Zeitpunkts
(4)	AWR fordert Möglichkeit des VollR-Erwerbes: hier Mglk. des Bedingungseintritts ⇨ **Bestand der Kaufpreisforderung** als Voraussetzung des AWR, Akzessorietät!
(5)	**Berechtigung** des Verkäufers

Wie wird das AWR übertragen? Kann der gutgläubige Vorbehaltskäufer vom nichtberechtigten Vorbehaltsverkäufer ein AWR erlangen?

↳ SachenR II, Rn. 151 ff.

Übertragung des AWR	• denkbar: §§ 413, 398 ff.; jedoch würde bei Bed.Eintritt Eigentumserwerb ohne Wechsel des Publizitätsträgers Besitz stattfinden • daher Übertragung des AWR wie Übertragung des Vollrechts: §§ 929 ff. (analog)

Fall des gutgl. *Erst*erwerbes (Erwerb vom vermeintlichen Eigentümer)	• direkt nach §§ 932 ff., da auch Erwerb des *Vollrechts* Eigentum vom Nichtberechtigten möglich (erst-recht-Schluss) • allerdings beachten: *nach* Erwerb des AWR schadet Bösgläubigkeit nicht mehr

Welche besitzrechtliche Stellung steht dem Vorbehaltsverkäufer nach bedingter Übereignung gem. § 929 S.1 BGB an der Kaufsache zu?

↳ SachenR II, Rn. 145

Vorbehaltsverkäufer ist (bis zum Bedingungseintritt) mittelbarer Besitzer, § 868

Besitzmittlungsverhältnis	• Kaufvertrag als erforderliche konkrete Rechtsbeziehung • Herausgabeanspruch: Möglicher Rückgewähranspruch bei Nichtzahlung gem. §§ 323 I, 346 I
Besitzmittlungswille	Fremdbesitzerwille des Vb-Käufers zugunsten des Vb-Verkäufers

Was ist unter einem gutgläubigen Zweiterwerb des Anwartschaftsrechts zu verstehen? Ist ein solcher möglich?

↬ SachenR I: Karteikarte Nr. 79

Gutgläubiger *Zweit*erwerb	Veräußerer gibt vor, AWR-Berechtigter zu sein, überträgt dieses vermeintl. AWR auf gutgläubigen Erwerber

AWR besteht auch in dritter Hand nicht	AWR besteht in dritter Hand
Gutgl. Zweiterwerb (-), da Forderung als notw. Bestandteil des AWR nicht gutgl. erworben werden kann	• **BGH**: §§ 932 ff. auch für AWR anwendbar, sonst Eigentümer weniger geschützt als AWR-Inhaber • **a.A.**: Rechtsschein des Besitzes (§ 1006) zerstört; Besitz spricht nicht für Bestand des AWR ⇨ (-)

Nach bedingter Übereignung durch den Vorbehaltsverkäufer übereignet dieser die Sache nach §§ 929 S.1, 931 BGB an die B-Bank. Wird der Käufer Eigentümer, wenn er jetzt den Kaufpreis zahlt?

Anwartschaftsrecht

↳ SachenR II, Rn. 158 f.

Übereignung V an K nach §§ 929 S.1, 158 I grds. (+), da mit Zahlung Bedingungseintritt

<u>Problem:</u> Wirksame Zwischenverfügung durch V an B-Bank, §§ 929 S.1, 931 (V ist ja weiterhin als Eigentümer Berechtigter!)

Unwirksamkeit der Zwischenverfügung grds. mit Bedingungseintritt nach § 161 I, K wird Eigentümer. Aber: gutgl. Wegerwerb des AWR, § 161 III?

Verweisung auf § 936; wegen § 936 III scheidet gutgl. Wegerwerb aus, Zwischenverf. unwirksam, K Eigentümer

Gibt das AWR gegenüber dem Eigentümer ein Recht zum Besitz?

SachenR I: Karteikarte Nr. 81; SachenR II, Rn. 161 ff.

e.A. Lit.	a.A. BGH
AWR **gibt** dingl. Besitzrecht (§ 986 I S.1) auch ggü. Eigentümer , da mit bedingter Übereignung das im Eigentum enthaltene Besitzrecht bereits übertragen wurde	AWR **gibt kein** dingl. Besitzrecht ggü. Eigentümer: AWR würde sich als Minus ggü. Vollrecht durchsetzen, darf nicht sein

Besitzrecht aus Kaufvertrag

Wenn Kaufpreiszahlung kurz bevor steht, kann sich aber AWR-Berechtigter mit dem dolo-facit-Einwand (§ 242) gegen § 985 wehren

In welchen Konstellationen ist die Problematik von KK Nr. 145 überhaupt fallentscheidend? Unterscheiden Sie:

1.) der Vorbehaltsverkäufer veräußert die Sache
2.) der Vorbehaltskäufer überträgt sein AWR

Anwartschaftsrecht

➯ SachenR I: Karteikarte Nr. 81

Konstellation 1	Vorbehaltskäufer kann Besitzrecht aus Kaufvertrag gem. § 986 II dem Erwerber entgegenhalten; analog anwendbar auch bei Übereignung nach § 929 S.1, 930 ⇨ auf dingl. Besitzrecht aus dem AWR kommt es **nicht** mehr an
Konstellation 2	Hier § 986 II **nicht** anwendbar, da nicht der Eigentümer veräußert, sondern der AWR-Berechtigte sein AWR überträgt ⇨ *hier* kommt es auf ein evtl. dingl. Besitzrecht an!

Der Vorbehaltskäufer überträgt sein AWR an den Dritten D. Können die Parteien des Kaufvertrages auf Bestand oder Inhalt des AWR Einfluss nehmen?

↬ SachenR I: Karteikarte Nr. 82

Problem: Führt Veränderung der schuldrechtl. Beziehung zur Änderung des akzessorischen AWR, wenn dieses einem Dritten zusteht?

e.A.	⇔	**a.A.**
AWR beim Vb-Kauf hängt akzessorisch von der Kaufpreisschuld ab ⇨ z.B. führt Vertragsaufhebung zum Erlöschen des AWR		Derartige Vereinbarung wäre Vertrag zu Lasten des Dritten AWR-Berechtigten, unzulässig!

h.M. (BGH)

vermittelnd: für *willkürliche* Änderung haben Parteien des KV die „Rechtszuständigkeit" verloren. Daher Vertragsaufhebung für AWR ohne Auswirkung; anders z.B.: Erlöschen wg. Rücktritt

Woran erwirbt der Werkunternehmer ein Pfandrecht, wenn der Vorbehaltskäufer vor Kaufpreiszahlung die Sache reparieren lässt? Was passiert im Zeitpunkt des Bedingungseintritts?

Anwartschaftsrecht

↳ SachenR I: Karteikarte Nr. 84

Gegenstand des Pfandrechts, § 647	• kein gutgl. Pfandrechtserwerb an der Sache selbst, vgl. KK Nr. 127 • aber § 647 auf AWR als wesensgleiches Minus zum Eigentum anwendbar, WerkUNPfandR am **AWR** (+)

Eintritt der Bedingung mit Kaufpreiszahlung	• AWR erstarkt zum Vollrecht • WerkunternehmerpfandR setzt sich an der Sache fort, § 1287 S.1 analog • Rang des Pfandrechts bleibt bestehen

Kann der Vorbehaltsverkäufer nach Verjährung des Kaufpreisanspruches Herausgabe der Sache verlangen?

SachenR I: Karteikarte Nr. 86

§§ 323, 346 S.1	• scheinbar (-), da nach Verjährungseintritt § 323 wg. § 218 I ausscheidet • aber § 216 II S.2 als Ausnahmevorschrift ⇨ Rücktritt zulässig, Anspruch (+)
§ 985	• V noch Eigentümer; durch Verjährung AWR nicht zum VollR erstarkt, § 216 II S.1 analog
	• **AWR** als BesitzR (str.) scheidet aus, jedenfalls bei Rücktrittserklärung erloschen, da Bedingungseintritt nicht mehr möglich
	• auch **schuldrechtl**. BesitzR (§ 986 I S.1) aus dem Kaufvertrag wg. Rücktritt (-) ⇨ Anspruch (+)

Welches Rechtsgeschäft ist beim Vorbehaltskauf bedingt? Was gilt es auseinanderzuhalten?

Schuldrecht II, Rn. 410

Kauf unter Eigentumsvorbehalt (Vorbehaltskauf)

Verfügungsgeschäft: Übereignung

Übereignung nach §§ 929 ff.; **dingl. Einigung** steht unter aufschiebender (§ 158 I) Bedingung vollständiger Kaufpreiszahlung

Verpflichtungsgeschäft: Kaufvertrag

ist **unbedingt**; Erfüllung der § 433 I S.1 - Verpflichtung erstmit *Voll*rechtserwerb; verzugsausschließende Leistungshandlung des Verkäufers ist jedoch bereits die *bedingte* Übereignung

Vor Übergabe der Kaufsache, aber nach Vertragsschluss erklärt der Verkäufer zum ersten Mal, dass er sich das Eigentum vorbehalten wolle. Was kann der Käufer tun?

Eigentumsvorbehalt

Schuldrecht II, Rn. 411 ff.

Käufer weist Sache zurück	• mangels Angebot der unbedingten Übereignung Annahmeverzug (-) • **Verzug** des V wegen § 320 (-) • K. erhält **weder** Eigentum **noch** AWR
Käufer nimmt Sache an	• K. wird mangels entspr. dingl. Einigung zwar nicht Eigentümer, erhält aber **AWR** • K. kann auch konkl. die angebotene Änderung des **Kaufvertrages** annehmen, dann normaler Vorbehaltskauf • oder: nimmt zwar Sache (AWR!) an, jedoch **keine** schuldrechtl. Änderung (⇨Verzug, s.o.) • Schlagwort: „vertragswidriger EV“

i. Zw. *dies* gewollt!

Worauf ist zu achten, wenn auf Rechnungen ein Eigentumsvorbehalt einseitig erklärt wird?

Eigentumsvorbehalt

↳ Schuldrecht II, Rn. 413

Sofern bereits **unbedingt** übereignet wurde, ist ein **danach** einseitig erklärter Eigentumsvorbehalt bedeutungslos.

⇨ entscheidend ist, ob die Rechnung *vor* oder *nach* der Übergabe dem Käufer zugänglich gemacht wurde; auch die auf die dingl. Einigung abzielenden WEen sind nach dem obj. Empfängerhorizont auszulegen!

Wie kann nach unbedingter Übereignung es doch noch zu einem Eigentumsvorbehalt kommen?

↳ SachenR II, Rn. 143

Nachträglicher Eigentumsvorbehalt

einseitig durch Verkäufer

(-), Käufer ist bereits Eigentümer!

einvernehmlich

möglich, jedoch Konstruktion fraglich:

- **BGH:** Rückübereignung an Verkäufer, §§ 929 S.1, 930; dann bedingte Übereignung an Käufer, §§ 929 S.2, 158 I (Hin und Her)
- **Lit.:** zu umständlich; nur *eine* Übereignung: *auflösend* bedingte Rückübereignung, §§ 929 S.1, 930, 158 II; gleiche Wirkung

Welche besonderen Formen des Eigentumsvorbehaltes kennen Sie?

Schuldrecht II, Rn. 418 ff.; SachenR II, Rn. 146 ff.

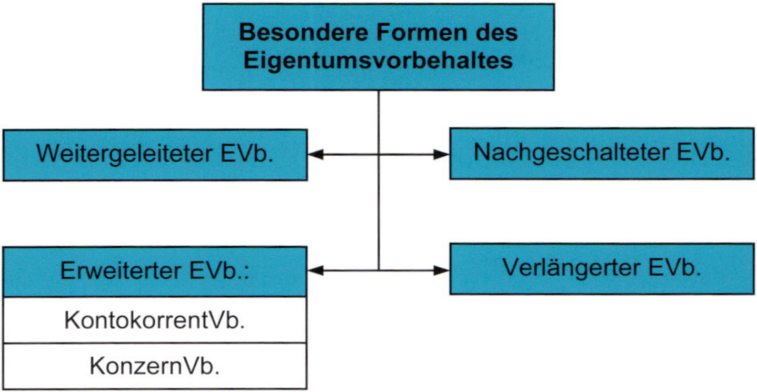

Worum handelt es sich bei einem weitergeleiteten Eigentumsvorbehalt?

↳ Schuldrecht II, Rn. 419 f.; SachenR II, Rn. 147

Weitergeleiteter Eigentumsvorbehalt

Vorbehaltskäufer veräußert entsprechend der Vereinbarung mit dem Vorbehaltsverkäufer an einen Dritten nur das ihm zustehende AWR

↓

Dritter wird nur Eigentümer, wenn die Kaufpreisschuld des Vorbehaltskäufers erfüllt wird; dann **Direkt**-, kein Durchgangs**erwerb**

Was ist unter einem nachgeschaltetem Eigentumsvorbehalt zu verstehen?

⇘ Schuldrecht II, Rn. 421

Nachgeschalteter Eigentumsvorbehalt

VbVerkäufer gestattet dem VbKäufer, die Sache selbst unter Eigentumsvorbehalt zu veräußern

↓

VbKäufer verfügt über das **Eigentum** als Berechtigter (§ 185) aufschiebend bedingt; wenn VbKäufer zahlt, verliert VbVerkäufer sein Eigentum an diesen; wenn Dritter an VbKäufer zahlt, verliert VbVerkäufer sein Eigentum an den Dritten ⇨ Verdoppelung des AWR

Wie ist ein verlängerter Eigentumsvorbehalt ausgestaltet?

Eigentumsvorbehalt

↬ Schuldrecht II, Rn. 422 f.; SachenR II, Rn. 146

Verlängerter Eigentumsvorbehalt

- VbVerkäufer hat Interesse daran, dass VbKäufer die Sachen veräußern kann; gibt ihm deshalb die Ermächtigung (§ 185), über die unter EVb. gelieferten Sachen zu verfügen
- im Gegenzug wird die Forderung des VbKäufers aus der Weiterveräußerung zur Sicherheit an den VbVerkäufer abgetreten (Sicherungszession)
- der VbKäufer wird allerdings ermächtigt (§ 185 analog), diese Forderung einzuziehen

Erläutern Sie Kontokorrent- und Konzernvorbehalt als Fälle des erweiterten Eigentumsvorbehaltes!

⇘ Schuldrecht II, Rn. 424 f.; SachenR II, Rn. 149 f.

Erweiterter Eigentumsvorbehalt

Übereignung steht nicht nur unter Bedingung der vollst. Kaufpreiszahlung, sondern unter der Bedingung der Erfüllung mehrerer Forderungen

Kontokorrentvorbehalt

Betrifft mehrere (oder alle) Forderungen aus einer Geschäftsbeziehung
⇨ oftmals problematisch im Hinblick auf § 138 oder § 307

Konzernvorbehalt

Betrifft mehrere Forderungen mehrerer Unternehmen eines Konzerns gegen den Käufer
⇨ unzulässig wg. § 449 III

Zeigen Sie auf, inwiefern es zu einer Kollision der Interessen von dem unter verlängertem Eigentumsvorbehalt lieferndem Hersteller und einem Globalzessionar des Vorbehaltskäufers kommen kann!

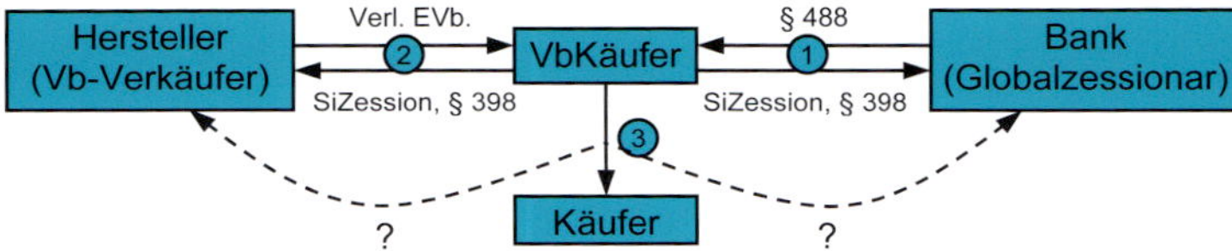

- Forderungen gegen die Käufer: sowohl an Bank als auch an Hersteller (wg. verl. EVb.) voraus abgetreten; grundsätzlich wäre nur die *erste* Vorausabtretung wirksam, Prioritätsprinzip, vgl. § 185 II S.2
- dann Hersteller nicht gesichert; VbKäufer wird durch Globalzession gezwungen, sich ggü. Hersteller vertragswidrig zu verhalten

⇨ **Verleitung zum Vertragsbruch**! Siehe KK 160

Erläutern Sie die Vertragsbruchtheorie des BGH!

Vertragsbruchtheorie

Wg. Schutz des Herstellers ist Globalzession an **§ 138 I** zu messen; sittenwidrige Verleitung zum Vertragsbruch (+):

objektiv	Soweit bzgl. fragl. Forderung(en) Kollision mit Interessen des Vorbehaltsverkäufers besteht (s.o.) **und**
subjektiv	Bank bedingt vorsätzl. handelt; (+), wenn verlängerter EVb. geschäftsüblich

→ Abtretung an *Bank* nichtig, § 138 I; *Hersteller* erhält die Forderung. Vermeidung des § 138 I nur bei **dinglicher Verzichtsklausel** (i.R.d. GlobZess.)!

Kann eine Abtretung im Rahmen eines echten Factoring wegen Kollision mit einem verlängerten Eigentumsvorbehalt nach § 138 I BGB nichtig sein?

Echtes Factoring und verlängerter EV

Echtes Factoring mit **Forderungskauf** vergleichbar; Risiko der Uneinbringlichkeit der Forderung (Delkredererisiko) trägt der Forderungserwerber (Factor)

↓

Interessen des VbVerkäufers sind gewahrt: VbKäufer zur Einziehung berechtigt; darf auch auf andere Weise Forderungswert realisieren. § 138 I (-)!

Wie verhält es sich beim unechten Factoring?

Unechtes Factoring und verlängerter Eigentumsvorbehalt

Delkredererisiko trägt der *Zedent*; wenn Forderung uneinbringlich, muss er an Factor den erhaltenen Betrag *zurückzahlen*, § 364 II

BGH: Damit wie Sicherungszession im Rahmen eines Kreditgeschäftes zu behandeln; wg. Rückzahlungspflicht Interessen des VbVerkäufers nicht gewahrt; Vertragsbruchtheorie! § 138 I (+)

a.A.: Rückzahlungspflicht wg. Uneinbringlichkeit ist **Ausnahmefall**; in diesem Fall hat der VbVerkäufer ohnehin kein Interesse an der (uneinbringlichen) Forderung. Daher wie beim echten Factoring § 138 I (-)

Welche Rechtsverhältnisse gilt es bei der Sicherungsübereignung auseinanderzuhalten?

SachenR I: Karteikarte Nr. 87

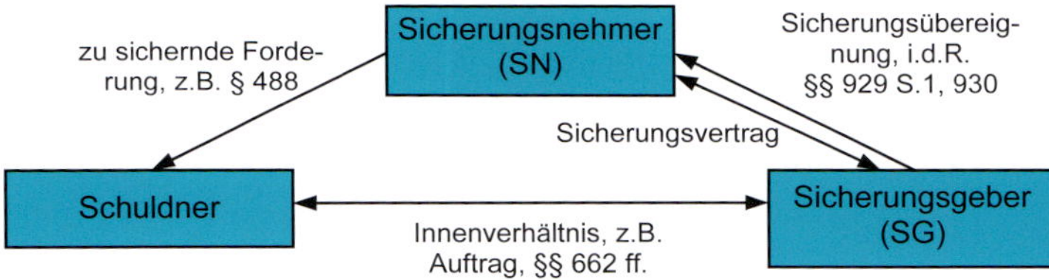

Regelmäßig sind Schuldner und Sicherungsgeber *personenidentisch*. Dennoch genau differenzieren:

(1) zu sichernde **Forderung**

(2) **Sicherungsvertrag** als causa der Sicherungsübereignung

(3) **Sicherungsübereignung** als dingl. Rechtsgeschäft

Zu welchem Zeitpunkt kommt bei einer Sicherungsübereignung durch einen Nichtberechtigten allenfalls ein gutgläubiger Erwerb in Betracht?

Sicherungsübereignung

↳ SachenR I: Karteikarte Nr. 87

Vorteil der SiÜ ggü. Pfandrecht: SG kann Besitzer der Sache bleiben; daher regelmäßig Übereignung nach **§§ 929 S.1, 930**

↓

Erwerb vom Nichtberechtigten jedoch erst, wenn SN die Sache erhält, § 933, z.B. wg. Herausgabe im Sicherungsfall

Wie ist nach der Rechtsprechung die Frage der nachträglichen Übersicherung bei revolvierenden Globalsicherheiten zu behandeln?

SachenR I: Karteikarte Nr. 89

Alte Rspr.: Sowohl SiVertrag als auch SiÜ selbst nach § 138 I nichtig, wenn nicht durch konkrete ermessensunabhängige (auch schuldrechtliche) Freigabeklausel sichergestellt, dass kein Fall nachträglicher Übersicherung eintritt

↓

Aktuelle Rspr. (seit Life&Law 1998, 138 ff.): Freigabeklausel aus §§ 133, 157, 242, auch ohne ausdr. Vereinbarung (ergänzende Vertragsauslegung); sogar dann, wenn ausdrücklich eine solche *ausgeschlossen* (str.). Damit § 138 I wg. nachträgl. Übersicherung nicht mehr möglich!

Welche Rechte stehen dem Sicherungsgeber zu, wenn die zu sichernde Forderung nicht besteht, die Übereignung an den Sicherungsnehmer aber schon stattgefunden hat?

Sicherungsübereignung

↬ SachenR I: Karteikarte Nr. 90

Abstraktionsprinzip: Unwirksamkeit der zu sichernden Forderung lässt sowohl SiVertrag als auch SiÜ unberührt (Ausnahmen: § 139; § 158; selten!)

Anspruch auf Rückübereignung:

- entweder aus Sicherungsvertrag selbst; evtl. infolge ergänzender Vertragsauslegung
- anderenfalls: Zweckkondiktion, § 812 I S.2 2.Alt.

Steht die Sicherungsübereignung im Regelfall unter der auflösenden (§ 158 II BGB) Bedingung der vollständigen Erfüllung der gesicherten Forderung? Begründung!

↳ SachenR II, Rn. 235

Sicherungsübereignung auflösend bedingt?

pro	Interesse des Sicherungs*gebers*: Bei aufl. Bedingung auch dinglich vor Zwischenverfügungen geschützt, **§ 161 II**
contra	Interesse des Sicherungs*nehmers*: Kann bei weiteren Forderungen gegen den SG gegen Herausgabeanspruch ZBR des § 273 ausüben

→ SN setzt i.d.R. seine Interessen durch, sitzt „am längeren Hebel"; im Regelfall also **keine Bedingung**

Wie kann sich der Sicherungsgeber vor Eintritt des Sicherungsfalles gegen das Herausgabeverlangen eines Dritten, der den sicherungsübereigneten Gegenstand vom Sicherungsnehmer erworben hat, wehren?

Sicherungsübereignung

↳ SachenR I: Karteikarte Nr. 92

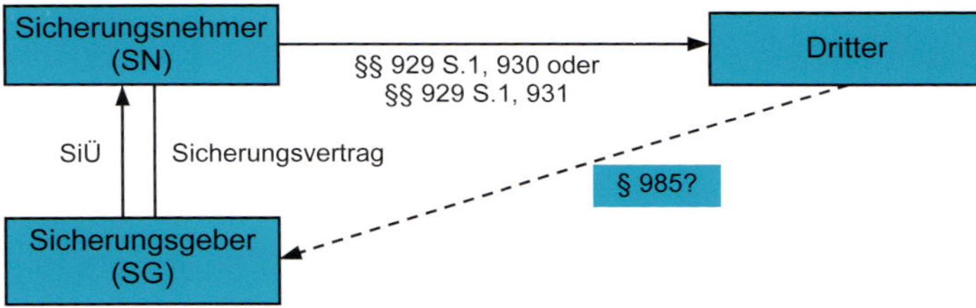

Vor Verwertungsreife steht SG gegen SN aus dem Sicherungsvertrag ein Besitzrecht (§ 986 I S.1) zu

⇨ dieses kann SG auch dem Dritten nach **§ 986 II** entgegenhalten; die Vorschrift gilt *analog* bei einer Übereignung nach §§ 929 S.1, 930

Also: **Kein Herausgabeanspruch** des Dritten gegen SG vor Verwertungsreife!

Welche Rechtsfolge ergibt sich für das Sicherungseigentum bei Abtretung der gesicherten Forderung?

§ 401 direkt nur auf *akzessorische* Sicherungsmittel anwendbar
aber: nach **§ 401 analog** hat Zessionar schuldrechtlichen Anspruch auf Übertragung des Sicherungseigentums gegen Sicherungsnehmer (Zedent).

Kann bei Personenverschiedenheit zwischen Schuldner und Sicherungsgeber der Sicherungsgeber dem Herausgabeverlangen des Sicherungsnehmers Einreden, die dem Schuldner zustehen, entgegensetzen?

Sicherungsübereignung

↳ SachenR I: Karteikarte Nr. 95

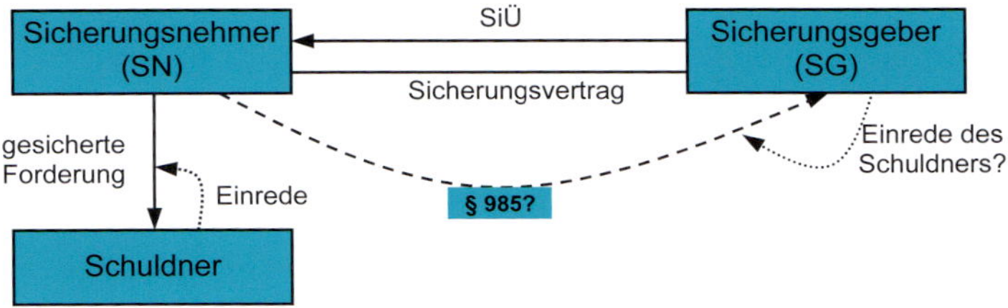

- **§ 1211 analog**: Regelungslücke (+); wg. Vergleichbarkeit der SiÜ mit PfandR auch vergleichbare Interessenlage (+)
- jedenfalls aber Auslegung des **Sicherungsvertrages**: Einreden des Schuldners (schuldnerbezogene ER) stehen auch dem SG gegen § 985 des SN zu!

Zur Sicherung einer Forderung des SN gegen S übereignete SG eine Sache; D bestellte ein Pfandrecht. Erhält SG bei Tilgung der Forderung das Pfandrecht als Sicherheit?

↳ SachenR I: Karteikarte Nr. 96

- grds. würde bei Dritterfüllung durch SG nach **§ 267** das Pfandrecht mit der Forderung erlöschen, **§ 1252**

⇨ der Regressanspruch des SG gegen S aus dem Innenverhältnis (z.B. § 670) wäre ungesichert

- besser für SG wäre ein Forderungskauf mit SN: durch die Abtretung würde SG nach **§ 401** (direkt) das akzessorische Pfandrecht erhalten

⇨ im Zweifel ist SN zum Abschluss des Forderungskaufes **verpflichtet**, §§ 133, 157: Auslegung des Sicherungsvertrages!

Stellen Sie die Begriffe „Grundstück“ und „Flurstück“ einander gegenüber!

SachenR III, Rn. 2 ff.

Flurstück	Grundstück
(„Katasterparzelle"); kleinste **katastertechnische** Einheit der Erdoberfläche. Auf Flurkarte verzeichnet und mit Flurnummer versehen.	(i.S.d. BGB): Räumlich abgegrenzter Teil der Erdoberfläche , der im Grundbuch unter einer gesonderten Nummer geführt wird.
Kein Grundstück i.S.d. BGB!	Besteht aus **mind. einem**, i.d.R. aus **mehreren** (auch räumlich nicht aneinander angrenzenden) **Flurstücken**

Welche beschränkten dinglichen Rechte an Grundstücken sind Ihnen bekannt?

↳ SachenR II: Karteikarte Nr. 1

Beschränkt dingliche Grundstücksrechte

Dienstbarkeiten

- Grunddienstbarkeit, §§ 1018 ff.
- Nießbrauch, §§ 1030 ff.
- beschr. pers. Dienstbarkeit, §§ 1090 ff.
- DauerwohnR, §§ 31 ff. WEG

Grundpfandrechte

- Hypothek, §§ 1113 ff.
- Grundschuld, §§ 1191 ff.
- Rentenschuld, §§ 1199 ff.

Vorkaufsrecht, §§ 1094 ff.

Reallast, §§ 1105 ff.

Warum ordnet § 12 I ErbbauRG an, dass ein auf Grund eines Erbbaurechts errichtetes Bauwerk wesentlicher Bestandteil des Erbbaurechts ist?

↳ SachenR III, Rn. 268

Zweck des § 12 I ErbbauRG

Grds. wäre das Bauwerk wesentlicher Bestandteil des *Grundstücks* und damit diesem gegenüber nicht sonderrechtsfähig, §§ 94 I, 93

↓

§ 12 I, II ErbbauRG i.V.m. § 95 I S.2 BGB führen das gewünschte Ergebnis, dass der jeweilige Erbbauberechtigte, nicht der Grundstückseigentümer, Eigentümer des Bauwerkes ist, herbei.

Aus welchen Elementen setzt sich Wohnungseigentum i.S.d. WEG zusammen? Wie wird es übertragen?

↳ SachenR III, Rn. 264 ff.

Inhalt des Wohnungseigentums, § 1 II WEG

Bruchteilseigentum

Miteigentumsanteil (§§ 1008 ff. BGB) am gemeinschaftlichen Eigentum, v.a. am Grundstück, § 1 V WEG

und

Sondereigentum

Alleineigentum an der Wohnung

Übertragung: Veräußerung des Miteigentumsanteils am Grundstück, §§ 873, 925 BGB; Sondereigentum läuft mit, § 6 II WEG

An welcher Stelle der Fallbearbeitung sind nachbarschaftliche Duldungspflichten nach den §§ 906 ff. von Bedeutung?

↳ SachenR III, Rn. 16

Prüfungsstandort nachbarschaftlicher Duldungspflichten
(z.B. § 906 I S.1, § 912 I)

§ 1004	Beseitigungs- bzw. Unterlassungsanspruch des beeinträchtigten Eigentümers ist wg. der Duldungspflicht ausgeschlossen, **§ 1004 II**
§§ 823 ff.	Beeinträchtigung des Eigentums ist wg. Duldungspflicht nicht rechtswidrig ⇨ **keine** Ansprüche aus Delikt

Handelt es sich bei dem nachbarschaftlichen Gemeinschaftsverhältnis um ein Schuldverhältnis, das Ansprüche aus § 280 auslösen könnte?

↳ SachenR III, Rn. 16

Nachbarschaftliches Gemeinschaftsverhältnis als Schuldverhältnis i.S.d. § 280 I?

Allgemeine Anforderungen:

- besonderes Näheverhältnis,
- das durch wechselseitige Rechte und Pflichten ausgestaltet ist

Nachbarschaftl. Gemeinschaftsverhältnis:

Zwar von wechselseitigen Rechten und Pflichten (§§ 906 ff.!) geprägt; jedoch **keine** ausreichende **Nähebeziehung**: Das Nachbarverhältnis ist ledigl. ein *Nebeneinander*, kein *Miteinander*

⇨ Schuldverhältnis (-), § 280 I (-) (h.M.)

Unter welchen Voraussetzungen besteht eine Duldungspflicht des Grundstückseigentümers nach § 906?

↳ SachenR II: Karteikarte Nr. 3

Voraussetzungen der Duldungspflicht nach § 906

§ 906 nur auf **Imponderabilien** anwendbar (unwägbare Stoffe)

↓

keine / **unwesentl**. Beeinträchtigung der GSt.Nutzung: § 906 I S.1 oder § 906 I S.2, S.3
⇨ Duldungspflicht (+)

↓

wesentl. Beeinträchtigung, aber
- Ortsüblichkeit der Benutzung
  und
- Unzumutbarkeit der Verhinderung der Beeinträchtigung (§ 906 II S.1)

⇨ Duldungspflicht (+)

Wann ergibt sich aus einem sog. faktischen Duldungszwang ein verschuldensunabhängiger Ausgleichsanspruch nach § 906 II S.2 analog?

↳ Life&Law, Heft 04/2000, S. 228 ff.

Anspruch aus § 906 II S.2 analog bei faktischem Duldungszwang

(1) von GSt. geht / ging nicht zu duldende Einwirkung aus,
(2) der betroffene GSt-Eigentümer hat / hatte keine Möglichkeit, den Abwehranspruch (§ 1004) rechtzeitig durchzusetzen
Bsp.: Feuer griff auf NachbarGSt über, Nachbarhaus abgebrannt, **und**
(3) grundstücksspezifische Gefahr, vgl. Life&Law 01/2010: (-) bei Feuerwerksrakete, die in Nachbarhaus fliegt und zu Brand führt

↓

wg. vorhandener Regelungslücke und Vergleichbarkeit von rechtlichem und faktischem Duldungszwang: **§ 906 II S.2 analog**, *soweit* Beeinträchtigung unzumutbar

Welche Eigentumsverhältnisse ergeben sich aus einem Überbau, § 912?

↳ SachenR II: Karteikarte Nr. 5

Eigentumslage nach Überbau

Entschuldigter Überbau	Nicht entschuldigter Überbau
H.M.: § 912 wird behandelt wie ein Recht am überbauten GSt. i.S.v. **§ 95 I S.2**; Überbau steht im Eigentum des Überbauenden	Bodenakzessorietät des überbauten Teiles, vgl. §§ 946, 93 (so h.M.)

Welche allgemeinen Grundsätze sind im Grundbuchrecht zu beachten?

SachenR II: Karteikarte Nr. 7

Grundsätze des Grundbuchrechts

- Eintragungsgrundsatz
- Bewilligungsgrundsatz → vgl. § 19 GBO; Besonderheiten bei Auflassung: § 20 GBO
- Antragsgrundsatz → § 13 GBO
- Prioritätsgrundsatz → §§ 17, 45 GBO
- Bestimmtheitsgrundsatz

Wie ist ein Grundbuchblatt (grob) gegliedert?

SachenR III, Rn. 12

Bestands-verzeichnis	**Abteilung I**	**Abteilung II**	**Abteilung III**
Vermessungs-techn. Daten, v.a. Größe, Flurstück	Eigentumsverhältnisse: Eintragung des jew. Eigentümers, Datum der Auflassung(en)	Grundstücksbelastungen außer Grundpfandrechte; Verfügungsbeschränkungen, Vormerkungen, Widersprüche	Grundpfandrechte; sich hierauf beziehende Vormerkungen und Widersprüche

Unter welchen Voraussetzungen hat das Grundbuchamt eine rechtsändernde Eintragung vorzunehmen?

SachenR II: Karteikarte Nr. 9

(1)	Antrag	§ 13 GBO	
(2)	Bewilligung	§ 19 GBO	Grds. also formelles Konsensprinzip: Auf Nachweis der mat. Einigung wird verzichtet; anders bei Auflassung, § 20 GBO!
(3)	Nachweis der Eintragungsunterlagen	§ 29 GBO	v.a. durch öffentl. Urkunden, § 415 ZPO
(4)	Voreintragung des von Eintragung Betroffenen	§ 39 GBO	Voreintragung als Berechtigter

Nennen Sie die Voraussetzungen für eine wirksame Übereignung eines Grundstückes!

Übereignung von Grundstücken

SachenR II: Karteikarte Nr. 10

Voraussetzungen des Grundstückserwerbes

(1)	**Einigung** („Auflassung“) gem. §§ 873, 925
(2)	**Eintragung** des Erwerbers, § 873 I
(3)	**Einigsein** im Zeitpunkt der Eintragung (§ 873 II beachten!)
(4)	**Berechtigung** des Veräußerers (wenn (-): § 892)
(5)	**Verfügungsbefugnis** des Veräußerers (wenn (-): § 892 I S.2 oder § 878)

Muss die Auflassung notariell beurkundet werden?

↳ SachenR III, Rn. 67

Form der Auflassung

§ 311b I betrifft *nur* das schuldrechtliche Verpflichtungsgeschäft (z.B. Kaufvertrag); Form der Auflassung in **§ 925 I** geregelt: Erklärung vor dem Notar ⇨ notarielle *Beurkundung* **nicht** vorgeschrieben!

→ allerdings wird GBA wg. §§ 20, 29 GBO Eintragung nur bei öffentl. Beglaubigung der Auflassung vornehmen

Lässt § 925 I die Einschaltung von Stellvertretern oder Erklärungsboten zu?

↳ SachenR III, Rn. 66

§ 925 I BGB

„bei gleichzeitiger Anwesenheit“ bedeutet: bei gleichzeitiger Abgabe der Willenserklärungen (**Beratungsfunktion** soll sichergestellt werden)

Einschaltung von Stellvertretern (+)	gleichzeitige Abgabe der WE’s (+), zulässig
Einschaltung von Erklärungsboten (-)	gleichzeitige Abgabe der WE’s (-), denn: „Losschicken“ des Boten ist bereits Abgabe

Unter welchen Voraussetzungen ist nach § 878 eine nachträgliche Verfügungsbeschränkung für den Eigentumserwerb unbeachtlich?

Übereignung von Grundstücken

↬ SachenR II: Karteikarte Nr. 14

§ 878

Ratio: Veräußerer soll vor langer Verfahrensdauer beim GBA geschützt werden

(1)	Bindende Einigung, § 873 II
(2)	Eintragungsantrag gestellt, § 13 GBO; egal, ob durch Veräußerer oder durch Erwerber
(3)	Danach absolute oder relative Verfügungsbeschränkung eingetreten
(4)	Bis auf Eintragung darf keine weitere Voraussetzung des Erwerbes (z.B. behördl. Genehmigung) fehlen (Sinn + Zweck!)

Stellen Sie § 878 und § 892 I S.2 einander vergleichend gegenüber!

Übereignung von Grundstücken

↳ SachenR II: Karteikarte Nr. 16 f.

§ 878	§ 892 I S.2
Gilt unabhängig von gutem Glauben des Erwerbers	Erwerber muss gutgläubig sein; dient dem Gutglaubensschutz
Erfasst relative sowie absolute Verfügungsbeschränkungen	Erfasst *nur* relative Verfügungsbeschränkungen (Wortlaut!)
Verfügungsbeschränkung muss nach bindender Einigung + Antrag aufgetreten sein	Zeitpunkt des Entstehens der Verfügungsbeschränkung ist unbeachtlich

! **Beachten:** wenn bereits § 878 (+), ist auf § 892 I S.2 nicht mehr einzugehen! !

Welche Voraussetzungen bestehen für den gutgläubigen Erwerb eines Grundstückes vom Nichtberechtigten?

Übereignung von Grundstücken

↳ SachenR II: Karteikarte Nr. 16

Gutglaubenserwerb nach § 892 I S.1

(1)	**Rechtsgeschäft** i.S. eines **Verkehrsgeschäfts**
(2)	Auflassung (§ 925 beachten) und Eintragung
(3)	**Unrichtigkeit** des Grundbuchs
(4)	**Legitimation** des Veräußerers aus dem Grundbuch
(5)	**Gutgläubigkeit** des Erwerbers
(6)	Kein **Widerspruch** eingetragen

Muss der Erwerber, um gutgläubig nach
§ 892 I S.1 erwerben zu können,
Einsicht in das Grundbuch genommen haben?
Mit welchen Rechtsscheinsträgern ist das
Grundbuch insoweit vergleichbar?

↳ SachenR III, Rn. 87

Bei § 892 I S.1 handelt es sich um einen ***abstrakten* Gutglaubensschutz**: Der Rechtsschein des Grundbuchs wird als so stark angesehen, dass der Erwerber nicht *konkret* auf die unrichtige Buchposition vertrauen muss. Eine **Kausalität** (Sound!) zwischen dieser und dem guten Glauben ist somit nicht erforderlich!

Grundbuch insoweit vergleichbar (z.B.) mit:

- Erbschein, §§ 2366 f.
- Vereinsregister, § 68 BGB
- Handelsregister, § 15 HGB

Schließt die Eintragung eines Widerspruches eine wirksame Übertragung des Grundstückseigentums in jedem Fall aus?

↳ SachenR III, Rn. 94

Nein!
Ein Widerspruch ist *nur* schädlich beim gutgl. Erwerb vom *Nicht*berechtigten, § 892 I S.1 BGB. Beim Erwerb **vom Berechtigten** spielt ein evtl. Widerspruch keine Rolle.

„Sound“:
Der Widerspruch bewirkt **keine Grundbuchsperre**!

Schließt ein nach dem in § 892 II maßgeblichen Zeitpunkt eingetragener Widerspruch den gutgläubigen Erwerb aus?

↳ SachenR III, Rn. 94

§ 892 II verlagert den für den guten Glauben maßgeblichen Zeitpunkt auf den Zeitpunkt der Antragstellung (§ 13 GBO) vor; gleicher Regelungszweck wie **§ 878**
⇨ *nach* Antragstellung schadet ein böser Glaube des Erwerbers nicht mehr

↓

Die Eintragung des Widerspruchs macht den Erwerber aber **nicht bösgläubig**, sondern schließt den gutgläubigen Erwerb als solchen aus ⇨ auch *nach* dem ZP des § 892 II führt Eintragung des Widerspruchs zum **Ausschluss des gutgl. Erwerbs (es sei denn, Vormerkung ist eingetragen)**

Ist die Verfügung eines Testamentsvollstreckers über ein Grundstück wirksam, wenn zwar keine Testamentsvollstreckung angeordnet ist, im Grundbuch aber der Testamentsvollstrecker als solcher eingetragen wurde?

⇘ SachenR II: Karteikarte Nr. 20

Nein! Bzgl. der Verfügungsbefugnis entfaltet das Grundbuch nur eine *negative* Publizität, § 892 I S.2
⇨ der gute Glaube an das *Bestehen* der Verfügungsbefugnis als Testamentsvollstrecker (§ 2205) wird *nicht* geschützt.

Im Nachlass des Erblassers befindet sich ein Grundstück. Der Scheinerbe verfügt über dieses. Ist hierbei auf § 892 abzustellen? Welche Rolle spielt § 40 GBO?

↳ SachenR II: Karteikarte Nr. 21

§ 892 I S.1	Scheinerbe ist Nichtberechtigter; jedoch nicht durch Grundbuch legitimiert, § 892 I S.1 (-). hieran ändert § 40 GBO nichts!
§ 2366	Wg. Erbschein wird Scheinerbe wie tats. Erbe gestellt ⇨ Erwerb nach §§ 2366, 873, 925, da Erbe als *Berechtigter* verfügen würde
	§ 40 I GBO macht lediglich Ausnahme vom Voreintragungsgrundsatz, § 39 GBO; anderenfalls würde GBA Eintragung nicht vornehmen!

Unter welchen Voraussetzungen besteht ein Grundbuchberichtigungsanspruch nach § 894?

Anspruch auf Grundbuchberichtigung, § 894

(1)	**Unrichtigkeit** des Grundbuchs
(2)	Anspruchsinhaber: materiell Berechtigter oder/und durch Falscheintragung Beeinträchtigter
(3)	Anspruchsgegner: derjenige, zu dessen Lasten die Berichtigung gehen würde
(4)	keine Einreden

Welche Einreden kommen gegen den Anspruch aus § 894 insbesondere in Betracht?

Einreden gegen § 894

§ 1000 analog	§§ 987 ff. zwischen Anspruchsinhaber und -gegner des § 894 analog anwendbar ⇨ ZurückbehaltungsR wg. Verwendungen
§ 242	*Dolo agit*, wenn Anspruchsgegner von Anspruchsinhaber Einräumung der durch das Grundbuch ausgewiesenen Rechtslage verlangen kann (a.A.: § 986 analog, dann echte *Einwendung*)

Kann nach den §§ 812 ff. die Herausgabe einer Buchposition verlangt werden?
Ist ein solcher Anspruch neben § 894 überhaupt von Bedeutung?

Wg. der Ermöglichung der wirksamen Verfügung durch den Nichtberechtigten stellt die Buchposition einen Vermögensvorteil dar
⇨ **tauglicher Kondiktionsgegenstand**
(zum Verhältnis zu § 1004 I vgl. KK 102)

↓

Bedeutsam v.a. dann, wenn **§ 894 nicht einschlägig** ist: z.B. hat ein materiell nicht Berechtigter dem Empfänger durch Leistung ohne Rechtsgrund die Buchposition verschafft
⇨ kann von diesem nach §§ 812 I S.1 1.Alt., 818 I Bewilligung zur Wiedereintragung verlangen; mangels mat. Berechtigung besteht ein Anspruch aus § 894 nicht!

Wie lässt sich die Vormerkung definieren?
Grenzen Sie Vormerkung und Widerspruch voneinander ab!

↳ SachenR II: Karteikarte Nr. 25

Vormerkung, §§ 883 ff.

= Sicherungsmittel eigener Art zur Sicherung eines schuldrechtlichen Anspruches auf Änderung der dinglichen Rechtslage an einem Grundstück / an einem Grundstücksrecht, § 883 I S.1

Die Vormerkung sichert den Anspruchsinhaber vor vormerkungswidrigen Verfügungen (§§ 883 II, 888)

Der Widerspruch (§ 899) schützt den Berechtigten vor Verfügungen durch den Buchberechtigten

„Sound“:

Die Vormerkung prophezeit, der Widerspruch protestiert!

Nennen Sie die beiden (Haupt-)Wirkungen der Vormerkung!

↬ SachenR III, Rn. 117 ff.

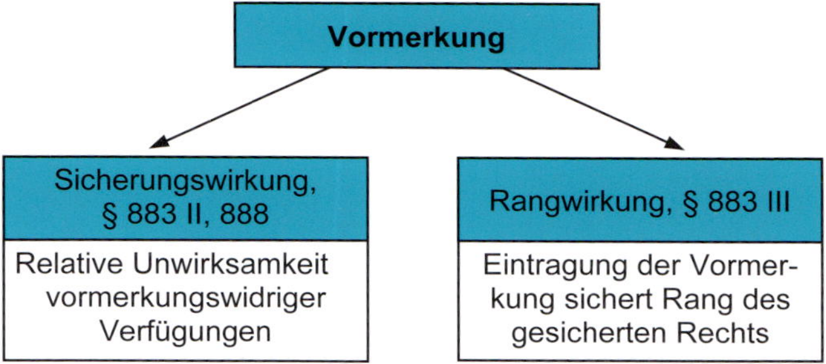

Welche sind die Voraussetzungen für die Entstehung einer Vormerkung?

↬ SachenR II: Karteikarte Nr. 26

Entstehung der Vormerkung

(1)	Vormerkungsfähiger **Anspruch**
(2)	**Bewilligung** des Betroffenen oder **einstweilige Verfügung (§ 885 I S.1)**
(3)	Berechtigung und Verfügungsbefugnis
(4)	Eintragung ins Grundbuch (§ 883 I)

Wann ist ein Anspruch „künftig“ i.S.v. § 883 I S.2?

↳ SachenR II: Karteikarte Nr. 26

Künftiger Anspruch, § 883 I S.2

<u>strenge Anforderungen:</u>
„Rechtsboden“ für Anspruch muss bereits bestehen

Dann (+), wenn Entstehung des Anspruchs nur noch vom Willen des Vormerkungsberechtigten abhängt

Ist der Übereignungsanspruch aus einem schuldrechtlichen Vorkauf vormerkungsfähig?

⇨ SachenR III, Rn. 108

Künftiger Anspruch

Entstehung des Übereignungsanspruches hängt ab vom Eintritt des Vorkaufsfalles (Abschluss des Dritt-Kaufvertrages), § 463

⇨ Dies steht im Belieben des Verkäufers = Vorkaufsverpflichteten

⇨ kein ausreichender „Rechtsboden", künftiger Anspruch (-)!

(-)

Bedingter Anspruch

Anspruch ist doppelt bedingt (§ 158 I):

(1) Eintritt des Vorkaufsfalles

(2) Ausübung des Vorkaufsrechts

⇨ bedingter Anspruch (+)!

(+)

Beim Abschluss eines Grundstückskaufvertrages handelte ein Vertreter ohne Vertretungsmacht.
Ist der Übereignungsanspruch vormerkungsfähig?

↳ SachenR III, Rn. 107

Problem: Stellt die Genehmigungsmöglichkeit nach § 177 BGB einen ausreichenden „Rechtsboden" dar?
⇨ Anspruchsentstehung dürfte nur noch vom Willen des *Käufers* abhängen!

falsus procurator auf Verkäuferseite	falsus procurator auf Käuferseite
Genehmigung steht im Belieben des *Verkäufers* ⇨ § 883 I S.2 (-)	Genehmigung steht im Belieben des *Käufers* ⇨ § 883 I S.2 (+)

Liegt angesichts der Heilungsmöglichkeit nach § 311b I S.2 im Falle der Formnichtigkeit des Kaufvertrages nach §§ 311b I S.1, 125 S.1 ein ausreichender „Rechtsboden“ für einen künftigen Anspruch i.S.d. § 883 I S.2 vor?

↳ SachenR III, Rn. 107

Nein! Die Entstehung des Anspruchs auf Übereignung aus § 433 I S.1 setzt nach § 311b I S.2 Auflassung und Eintragung voraus, die der Käufer nicht einseitig herbeiführen kann

⇨ § 883 I S.2 (-)!

Wann entsteht eine Vormerkung für einen künftigen oder bedingten Anspruch? Wann entfaltet sie ihre Wirkungen?

↳ SachenR III, Rn. 105

Vormerkung für künftigen / bedingten Anspruch, § 883 I S.2

Entstehung	Wg. Akzessorietät der Vormerkung erst mit Entstehung des Anspruches
Wirkungen	Sofern künftiger / bedingter Anspruch entsteht: Wirkungen treten **rückwirkend** ab dem Zeitpunkt der Vormerkung ein!

Wird der Erwerber einer Vormerkung nach Bewilligung und Antragstellung auf Eintragung vor entstehenden Verfügungsbeschränkungen geschützt?

↳ SachenR II: Karteikarte Nr. 29

§ 878 analog?

(1) Regelungslücke (+)

(2) vergleichbare Interessenlage: Ebenfalls Schutz vor Verzögerungen beim GBA

⇨ § 878 analog anwendbar

↓

Nachträgliche Verfügungsbeschränkungen sind für Erwerb der Vormerkung unbeachtlich

Ist ein gutgläubiger Ersterwerb einer Vormerkung möglich?

Vormerkung

SachenR II: Karteikarte Nr. 29

Vormerkung ist Verfügung i.S.v. §§ 893 2.Alt., 892; überwunden werden kann allerdings *nur* die Berechtigung!

→ **Beachten:** kein gutgläubiger Erwerb möglich, wenn Vormerkung aufgrund einstw. Verfügung eingetragen wurde: Es fehlt am Vorliegen eines Rechtsgeschäfts!

Ist ein nach Erwerb der Vormerkung vom Nichtberechtigten auftretender böser Glaube schädlich für den Erwerb des vorgemerkten Rechts?

↳ SachenR II: Karteikarte Nr. 29; SachenR III, Rn. 114

Wg. teilweisen Vorwirkungen des Vollrechts (§ 106 InsO; §§ 44, 52 ZVG) sollen nach h.M. dem Erwerb des vorgemerkten Rechts nach Erwerb der Vormerkung keine Hindernisse mehr entgegenstehen (Vormerkung ist AWR!)
⇨ späterer böser Glaube analog § 883 II **unbeachtlich**!

„Große Lösung“:
Maßgeblicher ZP für den Erwerb des vorgemerkten Rechts ist der ZP der Stellung des Antrages auf Eintragung der Vormerkung, § 892 II!

Neben dem für den guten Glauben maßgeblichen Zeitpunkt findet auch in anderer Hinsicht durch die Vormerkung eine Vorverlagerung statt. Worum handelt es sich?

↪ SachenR II: Karteikarte Nr. 30

Auch **nachträgl. Verfügungsbeschränkung** soll für Erwerb des vorgemerkten Rechts unbeachtlich sein, wenn Vormerkungserwerb wg. § 878 analog stattfindet

↓

Vorverlagerung des nach § 878 maßgeblichen Zeitpunkts auf den Zeitpunkt der Stellung des Antrages auf Eintragung der Vormerkung

Wie wird die Vormerkung übertragen, sog. Zweiterwerb?

↳ SachenR III, Rn. 126

Zweiterwerb der Vormerkung

↓

Vormerkung ist forderungsakzessorisches Sicherungsmittel; Übertragung durch **Abtretung der gesicherten Forderung**

⇨ Vormerkung läuft mit, § 401 analog

Ist ein gutgläubiger Zweiterwerb der Vormerkung möglich?

↳ SachenR II: Karteikarte Nr. 32

Gutgläubiger Zweiterwerb der Vormerkung

unstr. (-), wenn **Forderung** (-), da diese nicht gutgläubig erwerbbar; wenn Forderung (+):

e.A. (teilw. BGH)

Erwerb zwar kraft Gesetzes (§ 401 analog), aber aufgrund eines Rechtsgeschäfts (Abtretung)
Vergleich mit Hypothek, dort gutgl. Zweiterwerb auch möglich ⇨ (+)

a.A. (wohl h.M.)

- Erwerb kraft Gesetzes
- Vergleich mit Hypothek „hinkt“: dort geht Rechtsscheinsträger (Brief oder Buchposition) auf Erwerber über, bei Vormerkung nicht ⇨ (-)

Führt eine vormerkungswidrige Verfügung i.S.v. § 883 II zu einem Berichtigungsanspruch des Vormerkungsberechtigten aus § 894?

↳ SachenR II: Karteikarte Nr. 34

Vormerkungswidrige Verfügung und § 894

§ 894 setzt Unrichtigkeit des Grundbuchs voraus; eine vormerkungswidrige Verfügung ist nach § 883 II aber nur dem Vormerkungsberechtigten gegenüber unwirksam (relative Unwirksamkeit), das GB wird nicht unrichtig!

Sound:
„Die Vormerkung bewirkt keine Grundbuchsperre!“

Warum ist der Vormerkungsberechtigte auf den Anspruch nach § 888 angewiesen?

Vormerkung

↳ SachenR III, Rn. 122

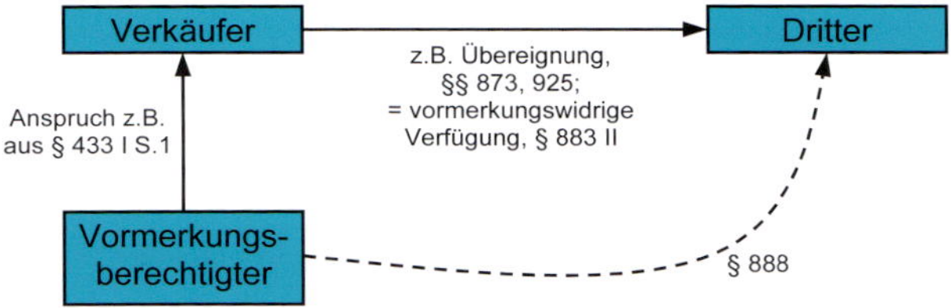

- wg. § 883 II ist durch relativ unwirksame Übereignung an den Dritten der Anspruch aus § 433 I S.1 im Verhältnis Vm-Ber. / Verkäufer nicht unmöglich geworden (§ 275 I), da für Vm-Ber. der Verkäufer noch Eigentümer ist
- damit Vm-Ber. aber vom Verkäufer Eigentum erwerben kann, benötigt Vm-Ber. die grundbuchrechtl. Bewilligung des eingetragenen Dritten nach § 19 GBO ⇨ hierauf ist **§ 888** gerichtet!

Die analoge Anwendung welcher Vorschriften ist im Rahmen von § 888 insbesondere anerkannt?

↳ SachenR III, Rn. 125a

Zwischen Vormerkungsberechtigtem und Anspruchsgegner des § 888 besteht EBV-ähnliche Beziehung ⇨ **§§ 987 ff. analog** anwendbar

Der Anspruchsgegner aus § 888 kann die Einreden, die dem Vormerkungsverpflichteten gegen den gesicherten Anspruch zustehen, nach **§§ 768, 1137 analog**, sowie die Einrede der Gestaltbarkeit, **§§ 770, 1137 analog**, geltend machen

Stellt die Vermietung im Falle einer Auflassungsvormerkung eine vormerkungswidrige Verfügung dar?

Vormerkung

SachenR II 44

↳ SachenR III, Rn. 121

Vermietung als vormerkungswidrige Verfügung

BGH: § 883 II (-)

Vermietung ist keine Verfügung, trotz § 566; außerdem sei der Mieter schutzwürdiger als der Vormerkungsberechtigte

⟷

a.A.: § 883 II analog (+)

- Mieter als bloß obligatorisch Berechtigter wäre stärker geschützt als z.B. bei einem dingl. WohnR
- Mieter z.B. auch nicht vor fehlender Berechtigung des Vermieters geschützt!

Zeigen Sie die wichtigsten Unterschiede zwischen dinglichem und schuldrechtlichem Vorkaufsrecht auf!

Dingliches Vorkaufsrecht

↳ SachenR II: Karteikarte Nr. 36

Dingliches Vorkaufsrecht, §§ 1094 ff.	**Schuldrechtliches Vorkaufsrecht, §§ 463 ff.**
= dingliche Belastung; nur an Grundstücken oder Erbbaurechten möglich	= schuldrechtl. Verpflichtungsgeschäft; auch an bewegl. Sachen möglich
Verpflichteter ist Eigentümer des belasteten Grundstücks (bzw. ErbbauBer.)	Verpflichteter ist der Besteller (Vor-Verkäufer)
Vormerkungswirkung, § 1098 II	Wirkung nur inter partes (relativ)
Bestellung für *mehrere* Vorkaufsfälle möglich, § 1097	Bestellung nur für *einen* Vorkaufsfall möglich

Wie unterscheiden sich dingliche Vorkaufsrechte hinsichtlich des Berechtigten?

↳ SachenR III, Rn. 138

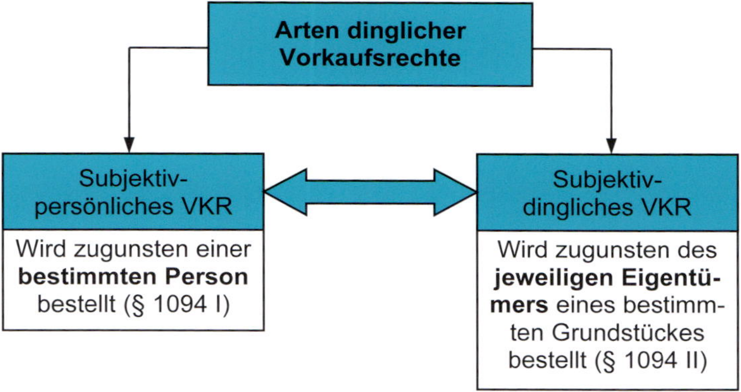

Was ist die causa des dinglichen Vorkaufsrechts?
Bedarf diese einer besonderen Form?

Dingliches Vorkaufsrecht

↳ SachenR II: Karteikarte Nr. 37

Causa (Rechtsgrund i.S.d. § 812 I) ist **nicht** etwa der **schuldrechtliche Vorkauf** i.S.d. §§ 463 ff. (häufiger Fehler!)
Vielmehr: causa kann *jedes* Rechtsgeschäft sein, wonach sich eine Seite zur Bestellung eines dingl. VKR verpflichtet!

Mangels Anwendbarkeit von § 311b I auf die dingl. Einigung bzgl. des dinglichen VKR als *Verfügung* ist diese formfrei möglich.
Jedoch bedarf der zugrundeliegende schuldrechtl. Vertrag (causa, s.o.) der Form des **§ 311b I analog**; Heilung mit wirks. Bestellung des dingl. VKR, § 311b I S.2 analog.

Ist das dingliche Vorkaufsrecht übertragbar?
Wie ist zu differenzieren?

Dingliches Vorkaufsrecht

↳ SachenR II: Karteikarte Nr. 37

Übertragbarkeit des dingl. VKR

Subjektiv-persönliches VKR	Subjektiv-dingliches VKR
Grds. **nicht** übertragbar, §§ 1098 I S.1, 473 **Aber:** Abweichende Ausgestaltung des VKR möglich; entsprechende Eintragung nötig, **§ 877**	Ist wesentl. Bestandteil des begünstigten Grundstücks, § 96; isolierte Übertragung daher **nicht möglich**, §§ 93, 1103 II

Ist es zulässig, im Rahmen eines dinglichen Vorkaufsrechts einen festen Kaufpreis zwischen dem Vorkaufsverpflichteten und dem Vorkaufsberechtigten zu vereinbaren?

Dingliches Vorkaufsrecht

SachenR II: Karteikarte Nr. 38

Grds. kommt der KV mit dem Inhalt des *Drittkaufes* zustande, §§ 1098 I S.1, 464 II, nicht zu einem *festen* Kaufpreis.

↓

Diese Bestimmung könnte jedoch **dispositiv** sein. Hierdurch würde allerdings ein wesentliches Prinzip des Vorkaufes außer Kraft gesetzt; dies ist wg. des sachenrechtl. Typenzwanges beim *dingl.* VKR **unzulässig.**

Kann eine solche Vereinbarung wie in KK Nr. 49 möglicherweise umgedeutet werden?

↬ SachenR II: Karteikarte Nr. 38

Umdeutung eines unzulässigen dingl. VKR

Beachten: § 140 nur (+), wenn das Zielgeschäft ggü. dem nichtigen Geschäft **kein „mehr“** darstellt

Umdeutung in ein **durch Vormerkung gesichertes schuldrechtl. VKR**: (-), da *dingl.* VKR Vormerkungswirkung gem. § 1098 II erst ab Eintritt des Vorkaufsfalles entfaltet; Zielgeschäft wäre ein „mehr“!

↕

Bei Vorliegen der übrigen Voraussetzungen des § 140 jedoch Umdeutung in ein (ungesichertes) **schuldrechtl. VKR** gem. §§ 463 ff. möglich

Kann die Vormerkungswirkung des § 1098 II dadurch umgangen werden, dass Vorkaufsverpflichteter und Dritter zuerst übereignen und dann den Kaufvertrag schließen?

Vormerkungswirkung nach § 1098 II besteht grds. erst ab dem **Eintritt des Vorkaufsfalles** (Abschluss des Drittkaufvertrages) ⇨ Vorkaufsberechtigter wäre in dieser Konstellation nicht geschützt; VKR würde sogar nach § 1097 **erlöschen**, sofern es nicht für mehrere Verkaufsfälle bestellt wäre

↓

h.M.: Bzgl. Übereignungen, die mit einem Kauf im Zusammenhang stehen, gilt § 1098 II schon mit Entstehung des Vorkaufsrechtes

Welche Ansprüche stehen dem Vorkaufsberechtigten gegen den Drittkäufer zu, wenn dieser nach Auflassung durch den Vorkaufsverpflichteten bereits als Eigentümer eingetragen wurde und das Grundstück in Besitz genommen hat?

Dingliches Vorkaufsrecht

↳ SachenR II: Karteikarte Nr. 39

§§ 1098 II, 888	Übereignung ist nach §§ 1098 II, 883 II relativ unwirksam ⇨ Vorkaufsberechtigter hat gegen Erwerber Anspruch aus **§§ 1098 II, 888**
Herausgabe	Zudem kann er vom Erwerber **Herausgabe** des Grundstücks verlangen: Anspruch wird in § 1100 als bestehend vorausgesetzt
§§ 987 ff.	Bzgl. des Herausgabeanspruches sowie des Anspruches aus § 888: **§§ 987 ff. analog** anwendbar

Welche Arten von Dienstbarkeiten kennt das BGB?

↳ SachenR II: Karteikarte Nr. 40

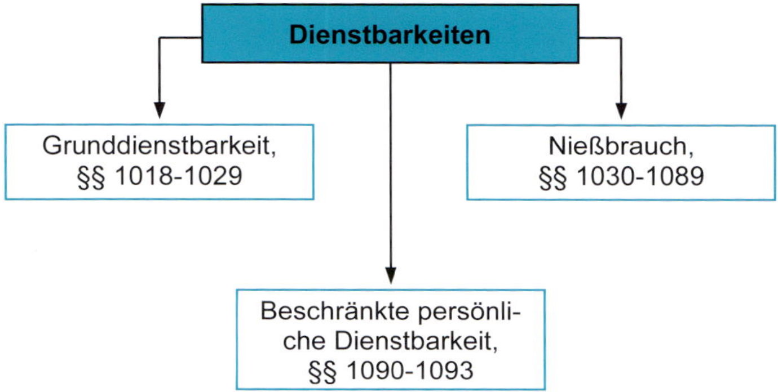

Was kann Gegenstand eines Nießbrauches sein?

SachenR II: Karteikarte Nr. 41

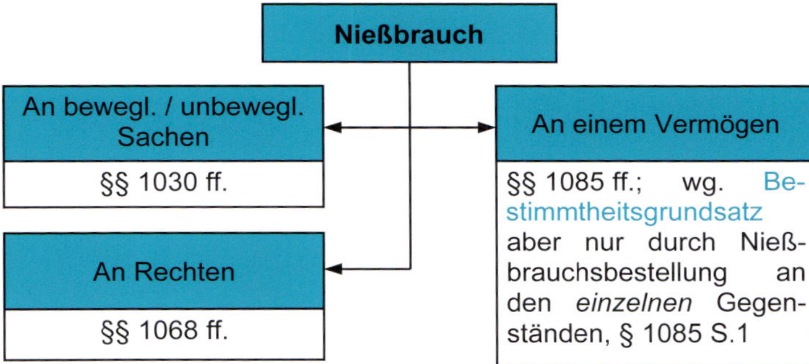

Was ist Inhalt einer Grunddienstbarkeit?

↳ SachenR II: Karteikarte Nr. 42

Zulässige Inhalte einer Grunddienstbarkeit, § 1018

Nutzungsrechte

Eigentümer des herrschenden GSt. darf dienendes GSt. in bestimmter Weise nutzen (z.B.: Wegerecht)

Nutzungsunterlassung

Eigentümer des dienenden GSt. muss bestimmte Nutzungen seines GSt. unterlassen (z.B.: Verbot, bestimmtes Gewerbe zu betreiben)

Ausschluss von Rechten

Eigentümer des dienenden GSt. darf bestimmte Rechte (v.a.: Abwehrrechte) aus dem Eigentum nicht geltend machen (z.B. § 1004 bei Geräuschimmissionen)

Grenzen Sie Grunddienstbarkeit und beschränkte persönliche Dienstbarkeit voneinander ab!

SachenR II: Karteikarte Nr. 42

Grunddienstbarkeit	⟺	**Beschr. pers. Dienstbarkeit**
Dienstbarkeit muss für **jew. Eigentümer** des herrschenden GSt. einen Vorteil darstellen	⟷	Vorteil muss für eine **bestimmte Person** bestehen
Grunddienstbarkeit ist Bestandteil des herrschenden GSt., § 96, und wird mit dem Eigentum an diesem übertragen	⟷	bpD. ist **nicht übertragbar**, 1092 I S.1

Welche Verwertungsrechte an Grundstücken kennen Sie?

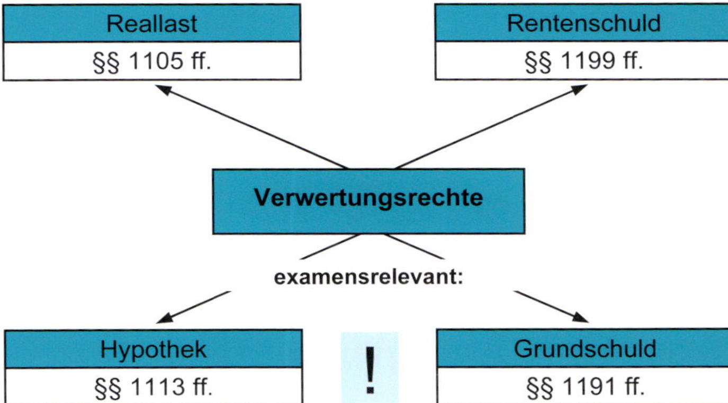
Reallast
§§ 1105 ff.
Rentenschuld
§§ 1199 ff.
Verwertungsrechte
examensrelevant:
Hypothek
§§ 1113 ff.
!
Grundschuld
§§ 1191 ff.

Welches ist der wesentliche Anspruch des Hypothekars gegen den Grundstückseigentümer?

SachenR III, Rn. 156 ff.

Zentraler Anspruch des Hypothekars

§ 1147: Anspruch des Hypothekars auf Duldung der Zwangsvollstreckung; **nicht:** auf Zahlung eines. best. Betrages!

Durchsetzung: § 1147 macht nicht etwa einen Vollstreckungstitel entbehrlich; Hypothekar muss Leistungsklage erheben! Häufig wird aber vollstreckbare Urkunde erteilt, § 794 I Nr. 5 ZPO

→ Wirkt gem. § 800 ZPO gegen jeweiligen Eigentümer!

Welche Rechtsverhältnisse gilt es bei einer Hypothekenbestellung zu unterscheiden?

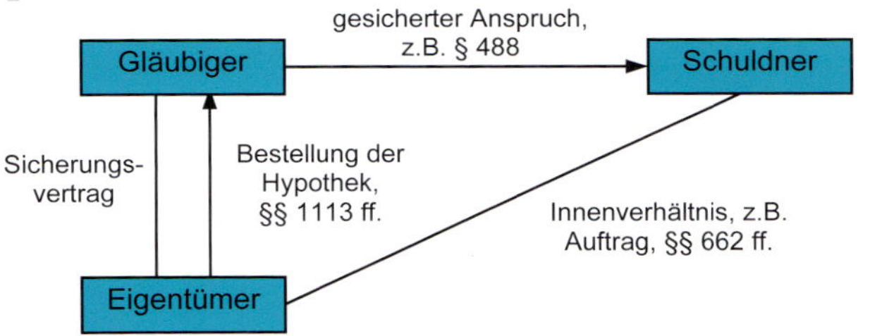

Eigentümer und Schuldner können personenidentisch sein; dann entfällt das Innenverhältnis; im Übrigen keine Unterschiede.

Warum ist ein Gläubiger daran interessiert, ein Grundpfandrecht an einem Grundstück im Eigentum des Schuldners zu erlangen?
(Er kann auf dieses im Wege der Zwangsvollstreckung ja ohnehin zugreifen!)

↬ SachenR III, Rn. 157

Vorteile von Grundpfandrechten (bei Personenidentität von Schuldner und Eigentümer)

- der Gläubiger ist durch eine dingliche Sicherheit insoweit geschützt, als durch eine Übereignung des Grundstücks die Sicherheit nicht erlischt; *vor* einer Pfändung im Wege der *Zwangsvollstreckung* kann der Vollstreckungsschuldner demgegenüber über sein Eigentum *frei* verfügen
- durch den **Rang** des Grundpfandrechts ist der Gläubiger auch im Falle der Zwangsvollstreckung durch Dritte oder bei Insolvenz des Schuldners geschützt, §§ 44, 10 ZVG; §§ 49, 165 InsO

Welche Voraussetzungen bestehen für die wirksame Bestellung einer Hypothek?

↳ SachenR II: Karteikarte Nr. 49

Bestellung einer Hypothek

(1)	Einigung, § 873
(2)	Eintragung, §§ 873, 1115
(3)	Briefübergabe, § 1117 I oder Vereinbarung nach § 1117 II ⇨ **Briefhypothek**
(4)	oder (anstelle von [3]): Ausschluss der Brieferteilung nach § 1116 (Einigung + Eintragung) ⇨ **Buchhypothek**
(5)	Bestehen der zu sichernden Forderung
(6)	Berechtigung des Bestellers

Mit welchem Inhalt kommt die Hypothek zur Entstehung, wenn ein höherer Geldbetrag der Forderung eingetragen wird, als der, auf den sich die Parteien geeinigt haben? Was, wenn der eingetragene Betrag niedriger ist?

↳ SachenR II: Karteikarte Nr. 49

Abweichung von Einigung und Eintragung

Einigung und Eintragung müssen sich decken; bei Abweichungen wird Hypothek mit dem Inhalt wirksam, *soweit* Deckung reicht („kongruentes Minus“)

zu hoher Geldbetrag eingetragen	zu niedriger Geldbetrag eingetragen
Kongruenz nur in Höhe des durch Einigung festgelegten Betrages ⇨ Hypothek entsteht in *dieser* Höhe	Kongruenz nur in Höhe des eingetragenen Betrages ⇨ Hypothek entsteht in *dieser* Höhe

Was gilt, wenn eine Buchhypothek vereinbart wurde, es jedoch zur Eintragung einer Briefhypothek kam bzw. umgekehrt?

⇨ SachenR III, Rn. 173

Briefausschluss bei der Buchhypothek bedarf gesonderter Einigung und Eintragung, **§ 1116 II** ⇨ ist gegenüber dem „Normalfall“ Briefhypothek ein „mehr“

↓

In beiden Fällen ist „kongruentes Minus“ die Entstehung einer Briefhypothek, da es entweder an einer Einigung oder einer Eintragung bzgl. des Briefausschlusses fehlt

⇨ **Briefhypothek entsteht!**

Wie ist die Rechtslage, wenn die zu sichernde Forderung noch nicht zur Entstehung gelangt ist? Kann der Eigentümer Löschung der bereits eingetragenen Hypothek verlangen?

↳ SachenR III, Rn. 178

Bis zur Entstehung der zu sichernden Forderung steht dem Eigentümer eine Eigentümergrundschuld zu, §§ 1163 I S.1, 1177 I S.1; Hypothek besteht nicht (Akzessorietät!)

Grundbuchberichtigungsanspruch des Eigentümers nach **§ 894**: (-), da der Gläubiger nach dem Sicherungsvertrag Anspruch auf die Bestellung der Hypothek hat, **§ 242**

Welche Rechtsfolge ergibt sich für die Hypothek aus der Nichtigkeit des Darlehensvertrages, wenn die Valutierung bereits erfolgt ist?
Wie wirkt sich eine Nichtigkeit des Sicherungsvertrages aus?

↳ SachenR III, Rn. 182

Nichtigkeit des Darlehensvertrages	• grds. bei Nichtbestehen der zu sichernden Forderung: nur Eigentümergrundschuld, §§ 1163 I S.1, 1177 I S.1 • aber denkbar: Hypothek sichert den Kondiktionsanspruch aus § 812 I S.1 1.Alt.! Dies wird jedoch nur bei ausdrückl. Vereinbarung von h.M. angenommen
Nichtigkeit des Sicherungsvertrages	SicherungsV ist Rechtsgrund für die Hypothekenbestellung ⇨ Hypothek zwar wirksam, aber rechtsgrundlos erlangt; dem Eigentümer (Besteller) steht die Bereicherungseinrede des § 821 gegen den § 1147 des Hypothekars zu

Welche Einwendungen und Einreden stehen dem Eigentümer gegenüber dem Hypothekar zu? Wogegen richten sich diese?

↳ SachenR II: Karteikarte Nr. 51

Einwendungen und Einreden des Eigentümers

Richten sich gegen den **§ 1147**-Anspruch des Hypothekars

Pfandrechtsbezogene Einwendungen / Einreden	Nicht gesondert geregelt, aber von § 1157 als selbstverständlich vorausgesetzt • Einwendungen, z.B. Unwirksamkeit der Bestellung oder Nichtvalutierung, § 1163 I S.1 • Einreden, z.B. Stundungsabrede aus SicherungsV
Forderungsbezogene Einwendungen / Einreden	• rechtshindernde und rechtsvernichtende Einwendungen bzgl. der Forderung sind wg. § 1163 zugleich pfandrechtsbezogen • Einreden gegen die Forderung: Eigentümer kann sie nach § 1137 geltend machen

Welche Einwendungen / Einreden des persönlichen Schuldners stehen dem Eigentümer gegenüber dem Hypothekar nicht zu?

SachenR III, Rn. 187

Ausnahmen von § 1137 I S.1

Verjährung der gesicherten Forderung	§§ 214 I, 1137 I S.1 (-) wegen **§ 216 I**
Beschränkte Erbenhaftung des pers. Schuldners	entsprechende Einrede / Einwendung des Eigentümers ausgeschlossen, **§ 1137 I S.2**
Herabsetzung in der Insolvenz	vgl. **§ 254 II InsO** (sicher nicht mehr Pflichtfachstoff)

Warum ist es ungenau, von einer Übertragung der Hypothek zu sprechen?

↳ SachenR III, Rn. 188

Wie bei anderen akzessorischen Sicherungsmitteln wird **nicht** die **Hypothek**, sondern die hypothekarisch gesicherte **Forderung** übertragen

⇨ Die Hypothek folgt der Forderung kraft Gesetzes, § 1153 I!

Unter welchen Voraussetzungen findet ein (auf Rechtsgeschäft beruhender) Zweiterwerb der Hypothek statt?

↳ SachenR II: Karteikarte Nr. 53

Zweiterwerb der Hypothek

(1) **Abtretung** der gesicherten Forderung in der Form des § 1154:

- (a) **Briefhypothek:** Abtretungsvertrag (§ 398), dabei Abtretungserklärung des Zedenten schriftlich; zudem Briefübergabe oder Surrogat, §§ 1154 I HS. 2, 1117 I S.2, II
- (b) **Buchhypothek:** Formloser Abtretungsvertrag + Grundbucheintragung, § 1154 III, 873 I

(2) **Berechtigung** des Zedenten bzgl. der Forderung und bzgl. der Hypothek

Welche Rechtsfolge hat die Abtretung der hypothekarisch gesicherten Forderung für die Einwendungen und Einreden des Eigentümers?

➪ SachenR II: Karteikarte Nr. 57

Einwendungen / Einreden des Eigentümers nach Abtretung

Forderungs-bezogene Einwen-dungen / Einreden	bleiben dem persönlichen Schuldner nach § 404 erhalten ⇨ Eigentümer kann sie auch dem neuen Hypothekar über § 1137 I S.1 entgegenhalten **Beachten:** gutgläubiger einredefreier Erwerb, § 1138 2.Alt.
Pfandrechts-bezogene Einwen-dungen / Einreden	Bleiben dem Eigentümer nach § 1157 S. 1 erhalten; **Beachten:** gutgl. einredefreier Erwerb, § 1157 S.2 (Disk: § 1192 Ia analog?)

Wie kann der Eigentümer sich vor einem gutgläubigen einredefreien Erwerb nach § 1138 2.Alt. oder § 1157 S.2 schützen?

Den §§ 1157 S.2, 1138 2.Alt. ist durch die Verweisung auf § 892 zu entnehmen, dass die fraglichen Einreden im Grundbuch eintragungsfähig sind
anderenfalls ist das Grundbuch unrichtig

↓

- dem Eigentümer steht insoweit ein Grundbuchberichtigungsanspruch nach § 894 zu
- vor gutgl. einredefreiem Erwerb kann er sich durch Erwirkung eines Widerspruches, § 899, schützen (im Wege der einstweiligen Verfügung möglich, § 899 II) (beachte auch die Möglichkeit des Vermerks auf dem Hypothekenbrief, § 1140)

Wie wirkt sich die Zahlung des persönlichen Schuldners an den bisherigen Gläubiger *nach* Abtretung der hypothekarisch gesicherten Forderung auf die Hypothek aus?

↳ SachenR III, Rn. 189

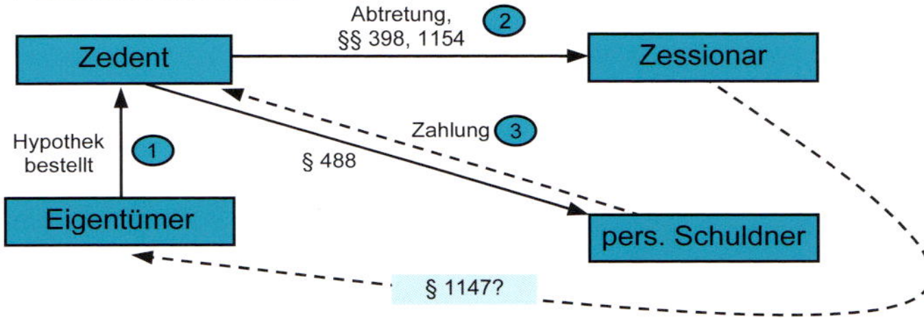

- wg. § 407 kann der (gutgläubige) persönliche Schuldner befreiend an den früheren Gläubiger (Zedent) leisten; die gesicherte Forderung erlischt
- zur Sicherung der Verkehrsfähigkeit der Hypothek gilt aber § 407 gem. **§ 1156 S.1** nicht in Ansehung der Hypothek, d.h.: in Durchbrechung des Akzessorietätsprinzips (§ 1163 I S.2) bleibt die Hypothek forderungsentkleidet bestehen!

Findet ein gutgläubiger Zweiterwerb statt, wenn die Forderung existiert, nicht aber die Hypothek?

↳ SachenR III, Rn. 191

Gutgläubiger Zweiterwerb der Hypothek

Mangel nur in der Hypothek (dinglicher Mangel)

↓

Der rein dingliche Mangel kann nach **§ 892 (direkt!)** überwunden werden; es kommt zum gutgläubigen Zweiterwerb der Hypothek. Dabei sind die allgemeinen Voraussetzungen des § 892 zu prüfen (vgl. KK Nr. 18)
Dabei *unbeachtlich*, dass Erwerb kraft Gesetzes (§ 1153 I) stattfindet: Erwerb beruht zumindest mittelbar auf der Forderungsabtretung als Rechtsgeschäft!

Findet ein gutgläubiger Zweiterwerb statt, wenn die Forderung nicht besteht, die Hypothek aber im Übrigen wirksam bestellt wurde?

↳ SachenR II: Karteikarte Nr. 55

Gutgläubiger Zweiterwerb der Hypothek

Mangel nur in der Forderung

- ein gutgl. Forderungserwerb ist nicht möglich
- aber: nach § 1138 1.Alt. ist § 892 bzgl. des Hypothekenerwerbs auch in Ansehung der **Forderung** anwendbar

⇨ Über § 892 wird für den **Hypotheken**erwerb die Forderung fingiert; kein gutgl. Forderungserwerb, sondern i.E. Erwerb einer forderungsentkleideten Hypothek!

Wie vollzieht sich der gutgläubige Zweiterwerb, wenn die Forderung nicht besteht und die Hypothek darüber hinaus an einem (weiteren) Mangel leidet?

↬ SachenR II: Karteikarte Nr. 55

Gutgläubiger Zweiterwerb der Hypothek

Forderungs- und dinglicher Mangel („Doppelmangel“)

↓

Kombination des in KK Nr. 73 und 74 Gesagten:

(1) bzgl. des Forderungsmangels: §§ 1138 1.Alt., 892

(2) bzgl. des dinglichen Mangels: § 892

Wie kann der öffentliche Glaube des Grundbuchs bzgl. der Hypothek durch den Hypothekenbrief erweitert bzw. beschränkt werden?

↳ SachenR III, Rn. 197

Erweiterung des öfftl. Glaubens des Grundbuchs: § 1155

Übertragung der Briefhypothek vollzieht sich *außerhalb* des Grundbuchs;
die fehlende grundbuchrechtl. Legitimation des Erwerbers wird durch eine Kette beglaubigter Abtretungserklärungen ersetzt, § 1155

Beschränkung des öfftl. Glaubens des Grundbuchs: § 1140

Sofern sich Unrichtigkeit des Grundbuchs aus dem Hypothekenbrief ergibt, ist öfftl. Glaube des Grundbuchs zerstört

Der geschäftsunfähige Hypothekar G tritt unter öffentl. Beglaubigung seiner Abtretungserklärung die gesicherte Forderung an X ab, der sie wiederum an den gutgläubigen Dritten D abtritt. Eigentümer und persönlicher Schuldner ist E.

Welches Problem stellt sich?

↳ SachenR II: Karteikarte Nr. 56

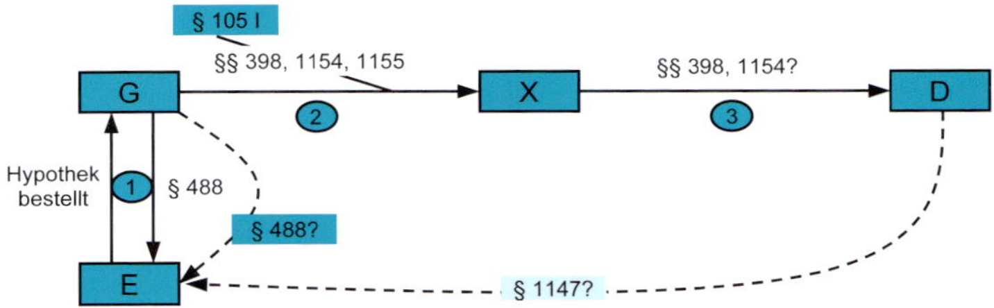

Problem:

- D hat die Hypothek vom Nichtberechtigten X gutgläubig erworben, §§ 1154, 1138 1.Alt., 1155, 892 (forderungsentkleidete Hypothek)
- G ist aber weiterhin Inhaber der Forderung aus § 488 (kein gutgl. Forderungserwerb! Abtretung G an X wg. § 105 I nichtig)

⇨ Gefahr für E, doppelt in Anspruch genommen zu werden?

Wie ist das in KK Nr. 77 geschilderte Problem zu lösen?

↳ SachenR II: Karteikarte Nr. 56

e.A.: Forderung folgt der Hypothek, sog. „Mitreißtheorie“

- dafür spreche der Akzessorietätsgrundsatz (vgl. § 1153), der ein Auseinanderfallen von Forderung und Hypothek nicht zulasse
- eine doppelte Belastung des Eigentümers / Schuldners wird vermieden

↕ ↕

Nach h.M. bedarf das Ergebnis *keiner* Korrektur:

- § 1138 *durchbricht* das Akzessorietätsprinzip
- E ist dadurch geschützt, dass er an G nur bei Vorlage des Hypothekenbriefes zu zahlen braucht (§§ 1161, 1160); da G den Brief nicht mehr hat, kann E die Zahlung dauerhaft verweigern; zahlt er dennoch, kann er nach § 813 kondizieren
- gutgläubiger Erwerb führt zu Rechtsnachteilen, die das Gesetz bewusst in Kauf nimmt

Angenommen, der Eigentümer (= zugleich pers. Schuldner) und der Gläubiger vereinbaren, dass „die Hypothek nicht abgetreten“ werden dürfe. Dennoch tritt der Gläubiger die „Hypothek“ an einen Dritten ab.

Wie ist die Rechtslage?

↳ SachenR II: Karteikarte Nr. 60

Die Vereinbarung ist nicht als Inhaltsänderung der Hypothek (bedürfte nach § 877 einer Einigung + Eintragung), sondern als Abtretungsverbot bzgl. der Forderung i.S.v. § 399 2.Alt. (Ausnahme von § 137 S. 1) auszulegen.
Wg. Unübertragbarkeit der Forderung ist Abtretung und damit Erwerb der Hypothek durch Dritten **nicht möglich.**

⬇

Aber: Gutgl. Erwerb einer forderungsentkleideten Hypothek nach § 1138 Alt. 1 analog, da vergleichbar mit Situation, wenn Forderung *überhaupt nicht* besteht
⇨ dann wieder Problem der **Mitreißtheorie** (vgl. KK Nr. 77/78). Folgt man der M.M., wird die Forderung „mitgerissen", das Abtretungsverbot **hat i.E. keine Wirkung**!

Welche Rechtsfolge hat die Zahlung des Eigentümers auf die Hypothek, wenn er vom persönlichen Schuldner personenverschieden ist?

SachenR III, Rn. 204 f.

Zahlung durch den Eigentümer

↓

- Eigentümer hat Befriedigungsrecht, § 1142
- *Soweit* ihm im Innenverhältnis zum pers. Schuldner ein Regressanspruch zusteht (§§ 1143 I S.2, 774 I S.3), erhält er die gesicherte Forderung gegen den pers. Schuldner, **Legalzession**, § 1143 I
- Nach § 401 läuft die akzessorische Hypothek mit, der Eigentümer erhält eine Eigentümerhypothek, § 1177 II

Welche Rechtsfolge hat die Zahlung des persönlichen Schuldners auf die Forderung, wenn er vom Eigentümer personenverschieden ist?

↳ SachenR II: Karteikarte Nr. 64

Zahlung durch den Schuldner

↓

- Getilgte Forderung erlischt, § 362 I
- *Soweit* dem Schuldner ein Regressanspruch gegen den Eigentümer zusteht, erhält er nach **§ 1164 I** die Hypothek, d.h.: die Hypothek sichert nun den Regressanspruch des Schuldners, Fall der gesetzl. Forderungsauswechslung

Was geschieht, wenn ein Dritter auf die hypothekarisch gesicherte Forderung zahlt?

↳ SachenR II: Karteikarte Nr. 65

Zahlung durch einen Dritten

Ablösungsberechtigter Dritter

Über § 1150 ist § 268 anwendbar ⇨ Dritter erhält Forderung des Gläubigers gegen den pers. Schuldner, § 268 III (Legalzession) ⇨ erhält die Hypothek nach §§ 412, 401!

Sonstiger Dritter

Keine Legalzession; evtl. Regressanspruch gegen den Schuldner (z.B. aus GoA) ist ungesichert!

Welche Gegenstände fallen neben dem Grundstück noch in den Haftungsverband der Hypothek?

↳ SachenR III, Rn. 209

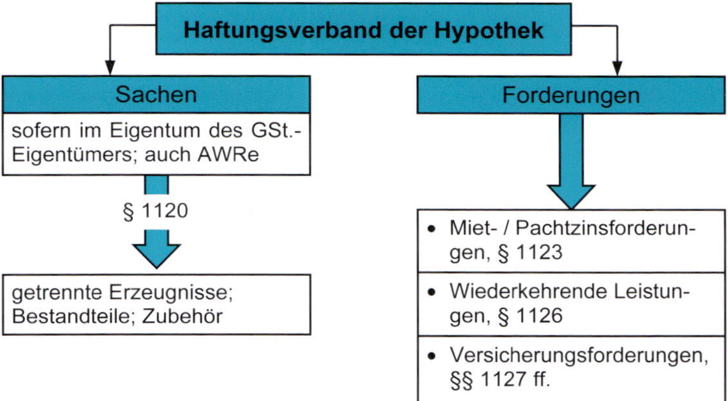

Welche Vorschriften sind relevant für die Frage, wann eine Sache wieder aus dem Haftungsverband der Hypothek tritt? Welche drei Ereignisse spielen hierfür eine Rolle?

↳ SachenR III, Rn. 210 f.

Enthaftung

§§ 1121 f. als Sondervorschriften zu § 936

↓

Maßgebliche Ereignisse:

- Beschlagnahme (i.S.v. § 20 ZVG) (B)
- Veräußerung der fraglichen Sache (V)
- Entfernung der Sache vom Grundstück (E)

Die möglichen unterschiedlich zu behandelnden Konstellationen der Enthaftung unterscheiden sich danach, welches der drei Ereignisse **zuletzt** stattgefunden hat (vgl. die folgenden KK's)

Findet eine Enthaftung statt, wenn die Beschlagnahme an letzter Stelle steht?

SachenR III, Rn. 210

Beschlagnahme an letzter Stelle

Fälle: E-V-B und V-E-B

Sachen im ZP der Beschlagnahme schon entfernt und veräußert; Enthaftung nach § 1121 I, unabhängig von einem guten Glauben des Erwerbers!

Findet eine Enthaftung statt, wenn die Veräußerung an letzter Stelle steht?

↪ SachenR III, Rn. 210

Veräußerung an letzter Stelle

Fälle: E-B-V und B-E-V

↓

Nicht in § 1121 geregelt; vielmehr: Beschlagnahme bewirkt grds. **Veräußerungsverbot** gem. §§ 23, 146 ZVG; Überwindung nach §§ 135, 136 BGB möglich, wenn Erwerber im ZP der Veräußerung bzgl. Beschlagnahme gutgläubig ist

Findet eine Enthaftung statt, wenn die Entfernung an letzter Stelle steht?

SachenR II: Karteikarte Nr. 63

Entfernung an letzter Stelle

Fälle: V-B-E und B-V-E

Enthaftung nach § 1121 II S.2: Enthaftung, wenn Erwerber im Zeitpunkt der **Entfernung** bzgl. Beschlagnahme gutgläubig ist (§ 23 II ZVG beachten!)

Worin liegt der wesentliche Unterschied zwischen Hypothek und Grundschuld? Haben Sicherungsgrundschuld und Sicherungshypothek etwas miteinander zu tun?

↳ SachenR III, Rn. 214

Hypothek und Grundschuld

Wesentlicher Unterschied: **Akzessorietät**
Die Hypothek ist zur gesicherten Forderung akzessorisch, die Grundschuld ist (streng) nichtakzessorisch

Die **Sicherungsgrundschuld** dient der Sicherung einer Forderung, § 1192 Ia BGB; über die Sicherungsabrede werden schuldrechtlich ähnliche Ergebnisse wie bei der Hypothek erzielt. Die **Sicherungshypothek** ist gegenüber der (gewöhnlichen) Verkehrshypothek besonders streng akzessorisch, §§ 1184, 1185. Sie hat mit der *nicht*akzessorischen **Sicherungsgrundschuld nichts zu tun**!

Welche Vorschriften des Hypothekenrechts sind für die Grundschuld anwendbar?

Anwendbare Vorschriften, § 1192 I

(+) Vorschriften, die den Begriff „Forderung“ nicht verwenden

z.B.: §§ 1117, 1121, 1122

(+) Vorschriften, die den Begriff **„Forderung“ verwenden**, wobei jedoch „Forderung“ durch **„Grundschuld“** ersetzt werden kann (= Vorschriften, die sich **nicht** auf die **Akzessorietät** der Hypothek beziehen

z.B.: §§ 1113, 1115, 1154

(-) Akzessorietätsbezogene Vorschriften !

z.B.: §§ 1137, 1138, 1163

Nennen Sie die Voraussetzungen der wirksamen Bestellung einer Grundschuld!

SachenR II: Karteikarte Nr. 69

Bestellung einer Grundschuld

(1)	Einigung, §§ 873, 1191
(2)	Eintragung, § 873
(3)	Briefübergabe bzw. Ausschluss der Brieferteilung, §§ 1192 I, 1116, 1117
(4)	Berechtigung des Bestellers (anderenfalls: § 892)

Welche Einreden und Einwendungen stehen dem Eigentümer gegen die Geltendmachung der Grundschuld zu?

SachenR II: Karteikarte Nr. 75

Einreden / Einwendungen des Eigentümers

§ 1137 als akzessorietätsbezogene Vorschrift im Bereich der Grundschuld nicht anwendbar; Lösung aber identisch über „schuldrechtliche Akzessorietät“, s.u.

Wie bei Hypothek:	Einwendungen + Einreden aus Grundschuld selbst (z.B. Unwirksamkeit der Bestellung; Stundung) bzw. sonstige Einreden aus dem Sicherungsvertrag
Anders als bei Hypothek:	Bei SiGS ergibt sich *aus dem SiVertrag*, dass der Eigentümer auch die Einreden / Einwendungen des pers. Schuldners gegen die Forderung als *pfandrechts*bezogene Einreden geltend machen kann!

Wie wird eine Grundschuld übertragen?

↳ SachenR III, Rn. 228

Übertragung der Grundschuld

§ 1153 als akzessorietätsbezogene Vorschrift nicht anwendbar ⇨ Übertragung nach §§ 413, 398, dabei **Form** des § 1154 I i.V.m. § 1192 I zu beachten!

Buchgrundschuld: Einigung + Eintragung, § 1154 III

Beachten: die Anwendung von §§ 413, 398 ist nicht zwingend und auch str.; nach a.A. soll sich die Abtretung *selbst* aus § 1154 I ergeben.

Welche Rechtsfolge hat die Vereinbarung zwischen Besteller und Gläubiger, dass die Grundschuld nicht vor Fälligkeit der Forderung isoliert übertragen werden darf?

↳ SachenR III, Rn. 229

Vereinbarung der Nicht-Übertragbarkeit

Solche Vereinbarung ist Inhaltsänderung der Grundschuld und bedarf damit gem. §§ 877, 873 der Eintragung im Grundbuch
⇨ ohne eine solche ist Vereinbarung **unwirksam**

↓

Aber Umdeutung möglich, § 140: Aus **Sicherungsvertrag** ergibt sich Einrede, sofern abredewidrig an Dritten übertragen. Wirkt gem. §§ 1192 I, **1157 S.1** ggü. dem Dritten
§ 1157 S.2 gilt wegen § 1192 Ia nicht!

SG hat G eine Sicherungsgrundschuld für den Kaufpreisanspruch des G gegen K bestellt; K steht dagegen die Mängeleinrede zu. G tritt die Grundschuld an den D ab, der den Sicherungscharakter der Grundschuld, nicht aber die Mängeleinrede kennt. § 1147 des D gegen SG?

↳ SachenR II: Karteikarte Nr. 77

Aufgrund des SiVertrages kann SG die Einreden des Schuldners auch ggü. der Grundschuld geltend machen; dies gilt auch ggü. dem Erwerber der Grundschuld D, §§ 1192 I, 1157 S.1.

Aber: gutgl. einredefreier Erwerb durch D, §§ 1192 I, 1157 S.2, 892?

Nein: gem. § 1192 Ia BGB gilt § 1157 S.2 nicht; daher Grundschuld bei Übertragung akzessorischer als Hypothek!!!

SG bestellt dem G eine Sicherungsgrundschuld zur Sicherung einer eigenen Darlehensverpflichtung. G tritt die Forderung an X, die Grundschuld an Y ab. Wie würde sich eine Zahlung des SG an X auswirken?

➯ SachenR III, Rn. 229

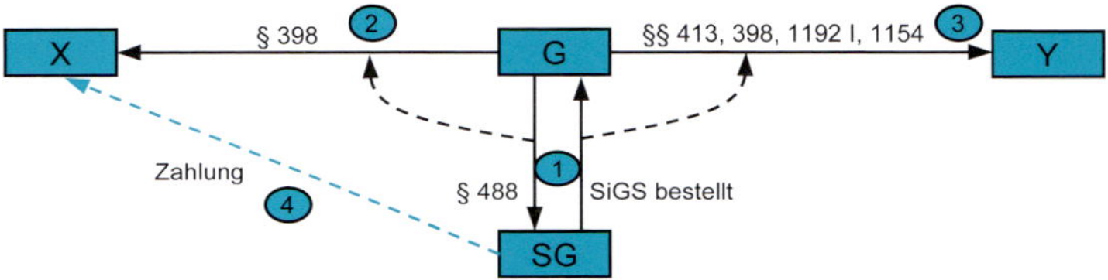

- Zahlung SG an X bewirkt Erlöschen der Forderung aus § 488: § 362 I
- nach SiVertrag steht dem SG nach Erfüllung der Forderung ein Rückübertragungsanspruch bzgl. der Grundschuld und eine dauerhafte Einrede gegen die Forderung zu ⇨ daher Rückforderung gem. § 813 BGB
- **Anspruch des Y:** Wortlaut § 1157 S. 1: Einrede muss **bei Abtretung** bereits *bestanden* haben, hier (-). **Aber:** Gedanke des § 1156: Zahlungen an Dritte nach Übertragung des Grundpfandrechts wirken sich auf dieses zwar nicht aus, **aber**: § 1192 Ia: 1156 gilt nicht! **Trotzdem:** nur Schutz vor doppelter Inanspruchnahme; daher Anspruch (+)

Wie hat sich SG in der Konstellation nach KK Nr. 95 am sinnvollsten zu verhalten?

↳ SachenR II: Karteikarte Nr. 79

SG steht bei Geltendmachung der Forderung Rückübertragungsanspruch bzgl. der Grundschuld aus dem SiVertrag zu; gegen Inanspruchnahme aus der Forderung kann SG diesen Anspruch **einredeweise** nach **§ 273** geltend machen

⇨ diese Einrede bleibt ggü. X nach **§ 404** erhalten. Da X mangels Berechtigung die Grundschuld nicht rückübertragen kann, hat SG gegen X eine dauerhafte Einrede

Welche Rechtsfolge hat die Zahlung des Eigentümers, der zugleich persönlicher Schuldner ist, an den Gläubiger?

↳ SachenR II: Karteikarte Nr. 72

Zahlung des Eigentümers

Eigentümer kann sowohl auf Forderung als auch auf Grundschuld zahlen ⇨ Auslegung der Tilgungsbestimmung, vgl. § 366

⇩

Zahlung auf Grundschuld

Grundschuld wird Eigentümergrundschuld (Begründung str.: § 1143 I analog; § 1163 I S.2 analog; §§ 1168, 1179 analog); **Forderung erlischt**

Was geschieht, wenn der vom persönlichen Schuldner verschiedene Eigentümer an den Gläubiger leistet?

↬ SachenR II: Karteikarte Nr. 72

Zahlung des Eigentümers
(bei Personenverschiedenheit)

Merke: Über SiVertrag werden schuldrechtl. die gleichen Ergebnisse wie bei der **Hypothek** erzeugt!

↓

Zahlung auf Grundschuld

Grundschuld wird Eigentümergrundschuld. Soweit Eigentümer Regressanspruch gegen Schuldner hat, besteht aus SiV Anspruch gegen Gläubiger auf Abtretung der gesicherten Forderung (Ergebnis: wie § 1143)

Was geschieht, wenn der vom Eigentümer verschiedene persönliche Schuldner an den Gläubiger leistet?

SachenR II: Karteikarte Nr. 72

Zahlung des Schuldners
(bei Personenverschiedenheit)

↓

Zahlung auf **Forderung**; diese **erlischt**, § 362 I. Wenn Schuldner gegen Eigentümer Regressanspruch hat, steht ihm gegen diesen insoweit ein Anspruch auf Abtretung des Rückgewähranspruches des Eigentümers gegen den Gläubiger bzgl. der Grundschuld zu (Ergebnis: wie § 1164!)

Warum kann es sinnvoll sein, dass der Eigentümer, der zugleich persönlicher Schuldner ist, auf die Forderung, nicht auf die Grundschuld zahlt?

Grundschuld

↳ SachenR II: Karteikarte Nr. 73

Steht der Eigentümer mit dem Gläubiger in einer dauerhaften Geschäftsbeziehung, entspricht es oftmals den Interessen beider Seiten, dass die Grundschuld nicht erlischt: Nach Tilgung der Forderung kann die Grundschuld zur Sicherung eines neuen Anspruches herangezogen werden (durch Abschluss eines entspr. Sicherungsvertrages); es werden die Kosten und Mühen einer neuen Grundschuldbestellung gespart!

Unter welchen Voraussetzungen besteht ein Beseitigungs- / Unterlassungsanspruch nach § 1004 I?

↳ SachenR I, Rn. 422

Anspruch des Eigentümers aus § 1004 I BGB

(1)	Anspruchsteller ist Eigentümer	
(2)	Beeinträchtigung des Eigentums	
	(a)	Beeinträchtigung dauert an **oder**
	(b)	Beeinträchtigung steht bevor, § 1004 I S.2
(3)	Anspruchsgegner ist Störer	
(4)	Keine Duldungspflicht	

Wie ist das Verhältnis von § 1004 zum EBV? Wie ist das Verhältnis zu § 894?

§ 1004 BGB

↳ SachenR I, Rn. 413 ff.

Verhältnis zum EBV, §§ 987 ff.	Obwohl § 1004 keinen *Schadensersatz*anspruch gibt, ist § 1004 von der Ausschlusswirkung des **§ 993 I HS.2** erfasst (h.M.); sofern im ZP der Störung EBV vorliegt, ist § 1004 nur beim deliktischen Besitzer anwendbar, § 992.
Verhältnis zu § 894	§ 894 gilt als Sonderregelung zu § 1004, daher ist § 1004 wg. Beeinträchtigung durch die Falscheintragung nicht anwendbar. *Danach* gilt **§ 993 I HS.2**, da die §§ 987 ff. im Anspruchsverhältnis des § 894 analog gelten

Ist § 1004 nur im Falle einer Beeinträchtigung des Eigentums anwendbar?

§ 1004 BGB

SachenR I, Rn. 419 ff.

Anwendungsbereich des § 1004

Neben Eigentum: auch sonstige dingl. Rechte

Teilw. gesetzl. angeordnet, z.B. § 1027, § 1065, § 1227; aber auch für sonstige dingl. Rechte von h.M. anerkannt

Absolute Rechte, delikt. geschützte RGüter

Die in **§ 823 I** aufgezählten abs. Rechte, aber auch durch **§ 823 II** i.V.m. Schutzgesetz geschützte Güter / Interessen

außerdem: auch alle weiteren rechtl. anerkannten Interessen, z.B. das allgem. PersönlichkeitsR

→ sog. **„quasinegatorischer“** Beseitigungs- / Unterlassungsanspruch (Terminologie uneinheitlich)

Schützt § 1004 den Eigentümer auch vor sog. negativen bzw. immateriellen Einwirkungen?

↳ SachenR I, Rn. 437 f.

Schutzumfang des § 1004

Negative Beeinträchtigungen

(z.B.: Entzug von Licht, Luft ...)
§ 1004 und § 906 stehen in Wechselbeziehung; da **§ 906** nur **positive** Einwirkungen beschreibt, schützt **§ 1004** nicht vor **negativen** Beeinträchtigungen

⇨ **nicht** von § 1004 erfasst!

Immaterielle Beeinträchtigungen

(z.B.: Bordell wird auf Nachbargrundstück betrieben)

- ebenfalls Argumentation wie links mit § 906 möglich
- Gefahr der uferlosen Weite des Anspruchs aus § 1004, Rechtssicherheit

⇨ **nicht** von § 1004 erfasst!

Wer ist Störer i.S.v. § 1004 I?

§ 1004 BGB

↳ SachenR I, Rn. 442 ff.

Störer

§ 1004 ist verschuldensunabhängig; Störer ist allgemein, auf dessen Willen die Beeinträchtigung jedenfalls mittelbar zurückgeht und von dessen Willen die Beseitigung abhängt (vieles str.)

Handlungsstörer

= wer Beeinträchtigung durch sein Verhalten (pos. Tun oder pfliwi. Unterlassen) herbeigeführt hat

z.B.: X parkt sein Kfz vor der Zufahrt zum Grundstück des Y

Zustandsstörer

= Herrschaft über gefahrbringende Sache hat, die Beeinträchtigung (mit)-verursacht hat

z.B.: E verwendet giftigen Dünger; dieser wird durch Regen auf GSt. des X gespült

Nennen Sie die wichtigsten Fälle, in denen eine Duldungspflicht i.S.v. § 1004 II besteht!

§ 1004 BGB

↳ SachenR I, Rn. 451 ff.

Duldungspflicht, § 1004 II

Rechtsgeschäft

- z.B.: Grunddienstbk., § 1018
- schuldrechtl. Vertrag, z.B. Miete

Gesetz

- v.a. §§ 906 ff.
- § 14 BImschG

Überw. öfftl. Interesse

- nur in Ausnahmefällen, z.B.: Störung durch einen ganz im öfftl. Interesse stehenden Betrieb

Verwaltungsakt

- z.B. Widmung zu einem öfftl. Zweck

Wie ist § 1004 von einem Anspruch auf Schadensersatz nach §§ 823 I, 249 I hinsichtlich der Rechtsfolge abzugrenzen?

Bsp.: A wirft dem X mehrere Scheiben mit Steinen ein.

↳ SachenR I, Rn. 465 ff.

Rechtsfolge des § 1004 I

In Abgrenzung zum verschuldensabhängigen SE-Anspruch ist Beseitigungsanspr. nach § 1004 I nicht auf Wiederherstellung der urspr. Lage (Naturalrestitution), sondern **auf Beseitigung der Störung** gerichtet:
Zu beseitigen ist die Störungs*quelle*, nicht die Störungs*folgen*!

X kann von A die Beseitigung der geworfenen Steine aus seiner Wohnung, nicht aber Ersatz der zerstörten Scheiben verlangen!

Welche Vorschriften des allgemeinen Schadensersatzrechts sind auf den Anspruch aus § 1004 I analog anwendbar?

↳ SachenR I, Rn. 469 f.

Analoge Anwendung der §§ 249 ff. auf § 1004

Kommt nur für Vorschriften, die den Schädiger schützen, in Betracht: Störer soll nicht *schlechter* stehen, als bei einem (verschuldensabhängigen) Schadensersatzanspruch!

§ 275 II	Störer kann **in Geld** entschädigen (Wertinteresse), wenn Naturalbeseitigung unzumutbar (L/L 2008, 591 ff.)
§ 254	• wenn Mitverschulden des Eigentümers **gering**: dieser hat sich an den Kosten der Beseitigung zu beteiligen • wenn **hohes** Mitverschulden: Störer muss nicht beseitigen, sondern nur in Höhe seines Verursachungsanteils dem Eigentümer Kosten erstatten

Was versteht das BGB unter Verwandtschaft?

↳ FamR: Karteikarte Nr. 1

Verwandtschaft

Verwandtschaft gerader Linie	Personen, bei denen die eine von der anderen abstammt, z.B.: Großmutter / Enkel, § 1589 S.1
Verwandtschaft in der Seitenlinie	Personen, die von einem gemeinsamen Dritten abstammen, z.B.: Geschwister, § 1589 S.2

Die F hat eine Tochter T und einen Sohn S; beide Kinder haben wiederum je einen Sohn, X und Y. Wie sind X und Y miteinander verwandt?

↳ FamR: Karteikarte Nr. 1

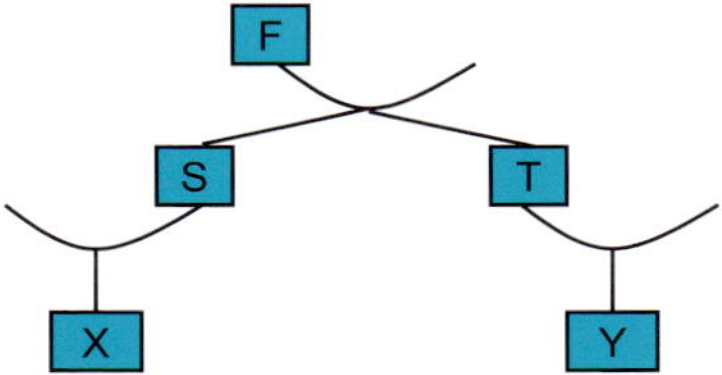

- X und Y sind (mindestens) über F in der Seitenlinie miteinander verwandt, **§ 1589 S.2**
- Grad der Verwandtschaft: nach den sie vermittelnden Geburten, **§ 1589 S.3**, also:
  Vermittelnde Geburten = 4 (da die eigene Geburt nicht mitgezählt wird); daher: X und Y im vierten Grad in der Seitenlinie miteinander verwandt.

Welche Rechtsnatur kommt dem Verlöbnis zu?

FamR: Karteikarte Nr. 4

Rechtsnatur des Verlöbnisses, §§ 1297 ff.

Vertragstheorie	Verlöbnis = formlos gültiger Vertrag; allgemeine Vorschriften anwendbar, v.a. §§ 104 ff. (**h.M.**)
Familienrechtlicher Vertrag	Verlöbnis = Vertrag sui generis, auf den allgemeine Vorschriften nur eingeschränkt Anwendung finden: anstatt der Geschäftsfähigkeit kommt es auf „Verlöbnisfähigkeit" an, die eine gewisse geistige Reife, nicht aber Volljährigkeit voraussetzt. **Kritik:** Rechtsunsicherheit, da keine gesetzl. Grundlage!
Vertrauenstheorie	Verlöbnis = gesetzl. Rechtsverhältnis, das durch erkennbare Bereitschaft zur Eheschließung (Realakt) entsteht; §§ 104 ff. nicht anwendbar **Kritik:** Zeitpunkt des Verlöbnisses kann kaum zeitlich fixiert werden; zudem: Minderjährigenschutz!

Welche beiden Regelungskomplexe des BGB-AT sind auch unter Zugrundelegung der Vertragstheorie auf keinen Fall auf das Verlöbnis anzuwenden?

FamR: Karteikarte Nr. 4

Vertragstheorie (h.M.)

nicht anwendbar:

Anfechtung

§§ 119 ff. (-), da § 1298 spezieller; a.A. vertretbar, da vor allem bei Täuschung / Drohung (§ 123) Vertrauenshaftung nach § 1298 unbillig

Stellvertretung

§§ 164 ff. (-), da Verlöbnis = höchstpersönliches Rechtsgeschäft

A hat sich mit der minderjährigen B ohne Zustimmung deren Eltern verlobt. Kann B bei grundlosem Rücktritt des A vom Verlöbnis einen Anspruch aus § 1298 BGB geltend machen?

↬ FamR, Rn. 27

- § 1298 setzt *wirksames* Verlöbnis voraus, wg. § 107 (-), da wg. der Möglichkeit von Ansprüchen aus §§ 1297 ff. rechtlich *nachteilig*
- nach § 107 ist Verlöbnis **insgesamt** unwirksam; eine Teilunwirksamkeit nur der Bestandteile, die für B nachteilig sind, kennen die §§ 107 ff. nicht

↓

Aber: Eltern als gesetzl. Vertreter (§§ 1626, 1629) haben Möglichkeit, durch Genehmigung das Verlöbnis *ex tunc* wirksam zu machen, § 184 I; dann lag im ZP des Rücktritts ein wirks. Verlöbnis vor, § 1298 (+)!

Kann ein Verlobter, der treuwidrig die Eheschließung verhindert, Herausgabe der Geschenke verlangen?

↳ FamR: Karteikarte Nr. 6

Anspruch aus § 1301

Problem: umfasst Verweisung des § 1301 ins Bereicherungsrecht auch § 815?

e.A.: § 815 (-)

- § 1301 ist Fall der SGG, § 815 hierauf nicht anwendbar
- außerdem würde § 815 eine zusätzliche „Strafe" ins Verlöbnisrecht einführen, obwohl die §§ 1298 ff. abschließend seien

e.A.: § 815 (+)

- § 1301 erweitert die condictio ob rem, § 812 I S.2 2.Alt., worauf § 815 anzuwenden ist
- § 815 ist Ausdruck des allgemeinen Grundsatzes von Treu und Glauben, dieser gilt immer!

Was sind die Voraussetzungen für eine fehlerfreie Eheschließung?

FamR: Karteikarte Nr. 7

Voraussetzungen der fehlerfreien Eheschließung

(1)	Geschlechtsverschiedenheit	Nach § 1353 BGB keine Voraussetzung mehr
(2)	Ehefähigkeit	Grds. volle Geschäftsfähigkeit, § 1303 f.
(3)	Keine Eheverbote	§§ 1306-1308
(4)	Keine Willensmängel	Abschließende Aufzählung in § 1314 II; §§ 116 ff. nicht anwendbar
(5)	Verfahren	Persönliche, gemeinsame Erklärung vor dem Standesbeamten, §§ 1310-1312

Welche Rechtsfolge ergibt sich aus einer fehlerhaften Eheschließung?

FamR: Karteikarte Nr. 7

Fehlerhafte Eheschließung

Nichtehe

Bei besonders schweren Verstößen:

- Verstöße gg. §§ 1310, 1311, z.B. nicht vor Standesbeamten geschlossen

Ehe ist nichtig, keine Ehewirkungen

Aufhebbare Ehe

Aufhebungsgründe gemäß § 1314

Ehewirkungen entfallen mit Aufhebung *ex nunc*

Sonstige Fehler sind **unbeachtlich**!

Nennen Sie die allgemeinen Ehewirkungen!

↳ FamR, Rn. 46

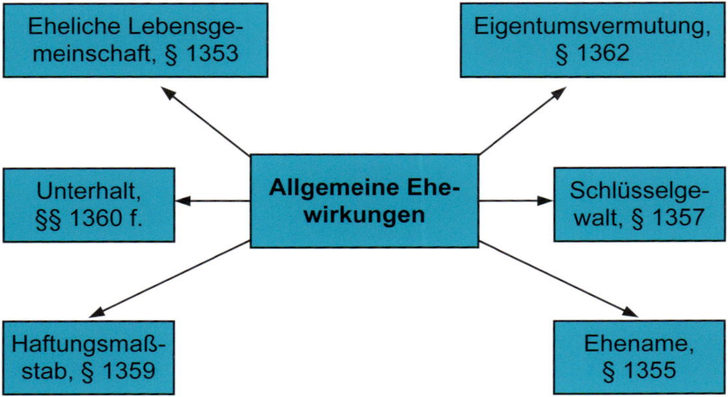
Eheliche Lebensgemeinschaft, § 1353
Eigentumsvermutung, § 1362
Unterhalt, §§ 1360 f.
Allgemeine Ehewirkungen
Schlüsselgewalt, § 1357
Haftungsmaßstab, § 1359
Ehename, § 1355

Welche Verpflichtungen ergeben sich aus der Pflicht zur ehelichen Lebensgemeinschaft im Einzelnen?

↳ FamR: Karteikarte Nr. 8

Eheliche Lebensgemeinschaft

Häusliche Gemeinschaft

- Zusammenleben in gemeinsamer Wohnung
- Gewährung der Mitbenutzung von Hausratsgegenständen

Körperliche Gemeinschaft

- primär: geschlechtl. Treue
- Verpflichtung zum Geschlechtsverkehr (str.)
  Aber: § 120 III FamFG: Nicht vollstreckbar

Beistand

- Garantenstellung
- auch: Mithilfe im Betrieb des Ehegatten

Rücksichtnahme

- z.B. bei der Ausübung von Rechtspositionen, z.B. Ansprüche gg. Ehegatten

In welchen Fällen besteht trotz Bestehens der Ehe **keine Pflicht**, die **eheliche Lebensgemeinschaft** herzustellen bzw. aufrechtzuerhalten?

Allgemeine Ehewirkungen

FamR, Rn. 55

Ausschluss der Pflicht zur ehelichen Lebensgemeinschaft

Rechtsmissbrauch

§ 1353 II 1.Alt.; selten anzunehmen

§§ 119, 49 FamFG

Einstw. Anordnung durch Gericht während des Eheprozesses bzgl. häusl. Gemeinschaft

Aufhebbare Ehe

Dann i.d.R. auch Verlangen der Herstellung der ehel. LGem. missbräuchlich i.S.v. § 1353 II 1.Alt.

Gescheiterte Ehe

§ 1353 II 2.Alt.: Scheidungsvoraussetzung i.S.d. § 1565 I

Die haushaltsführende Ehefrau wird verletzt, so dass sie den Haushalt mehrere Wochen nicht führen kann. Wem stehen Schadensersatzansprüche gegen den Schädiger zu?

FamR: Karteikarte Nr. 14

Ansprüche des Ehemannes	
§ 845	Haushaltsführung i.S.v. § 1360 S.2 ist keine Leistungsverpflichtung i.S.d. § 845, sondern eine *Option* des Haushaltsführenden, auf diese Weise seiner Unterhaltspflicht nachzukommen; (-)
§ 844	(-), da Ehefrau nicht getötet

Ansprüche der Ehefrau	
§ 823 i.V.m. §§ 842, 843	Beeinträchtigung der Arbeitskraft wg. nicht möglicher Haushaltsführung (+). Haushaltsführung wegen § 1360 S. 2 geldwerte Tätigkeit. Unbeachtlich, ob Haushaltshilfe eingestellt oder nicht, keine Vorteilsanrechnung, § 843 IV!

M zahlt die durch die Verletzung seiner Frau F entstandenen Krankenhauskosten. Kann er diese vom Schädiger ersetzt verlangen?

Allgemeine Ehewirkungen

↳ FamR, Rn. 58

§ 823 I	(-), da kein absolutes Recht *des M* verletzt.
§§ 683, 677, 670	Schädiger ist der F zum Schadensersatz aus § 823 I verpflichtet; Zahlung der Krankenhauskosten durch M könnte Führung eines fremden Geschäfts darstellen. **Aber:** Durch Zahlung wird Schädiger wg. **§ 843 IV** nicht von seiner Ersatzpflicht befreit; M hat daher nicht dessen Geschäft geführt.
§ 426 I, II	Wg. § 843 IV fehlt wechselseitige Tilgungswirkung, daher keine Gesamtschuld!
§§ 812 ff.	Wg. § 843 IV hat Schädiger durch Zahlung der Krankenhauskosten nichts erlangt, §§ 812 ff. (-).
§ 255	F soll nicht zweimal Geld erhalten; nach § 255 analog hat sie deshalb ihren Anspruch gg. den Schädiger an M abzutreten.

Besteht eine Verpflichtung zur Mitarbeit im Betrieb des Ehegatten?

FamR, Rn. 61

Grundsatz

Ehegatten können Art und Umfang ihrer Erwerbstätigkeit selbst bestimmen, § 1356 II; grds. keine Mitarbeitspflicht.

Ausnahmen

Unterhaltspflicht

§ 1360; wenn Betrieb dem gemeinsamen Unterhalt dient und Ehegatte Unterhaltspflicht nicht anders nachkommen kann.

§ 1356 II S.2

Wenn *nur* die Mitarbeit familienverträglich ist, § 1356 II S.2.

§ 1353 I S.2

Wg. Beistandspflicht; jedoch nur bei Gefährdung des Betriebes in Notfällen (selten!).

Ist dem Ehegatten seine Mitarbeit im Betrieb des anderen Ehegatten zu vergüten?

Allgemeine Ehewirkungen

↳ FamR: Karteikarte Nr. 9

§ 611: (-), da kein Rechtsbindungswille für entspr. Vertrag
§§ 738 ff.: Ehegatten-Innengesellschaft durchaus möglich; konkludenter GesVertrag aber nur dann anzunehmen, wenn Tätigkeit über Verwirklichung der ehel. Gemeinschaft („Tisch und Bett) hinausgeht, i.d.R. (-); Teilw. vertreten: §§ 738 ff. analog, obwohl keine Gesellschaft; jedoch nur dann, wenn gleichwertige Stellung der Ehegatten, bei bloßer Mitarbeit (-)
§§ 530 f.: Schenkung setzt Vermögensminderung seitens des Schenkers voraus, bei bloßer Arbeitsleistung (-)
§ 812 I S.2 2.Alt.: Fortbestand der Ehe nicht als Zweck vereinbart, sondern als selbstverständlich vorausgesetzt
§ 313: Störung der GG eines kooperationsrechtl. Vertrages sui generis bei Beendigung der Ehe denkbar, sofern *§§ 1372 ff.* nicht ausreichend Vermögensmehrung seitens des Betriebsinhabers berücksichtigen

Kommt eine Vergütung des mitarbeitenden Ehegatten auch dann in Betracht, wenn die Mitarbeit unterhaltsrechtlich geschuldet war?

↳ FamR, Rn. 63

Nein!
Ergibt sich die Verpflichtung zur Mitarbeit aus der **Unterhaltspflicht** nach § 1360, kommt ein Vergütungsanspruch nicht in Betracht: Jeder Ehegatte hat seine Unterhaltspflichten selbst zu erfüllen und kann beim Partner keinen Rückgriff nehmen.

Welche Ansprüche zwischen Ehegatten kommen im Falle einer Störung der ehelichen Lebensgemeinschaft in Betracht?

↳ FamR: Karteikarte Nr. 10

Denkbare Ansprüche bei Ehestörung

§ 1353 I S.2	§§ 823 I, 1004 I
Gibt „klagbaren“ Anspruch auf Herstellung der ehel. LGem.: sonst. Familiensache, § 266 FamFG Allerdings, soweit höchstpers. Pflichten betroffen, nicht vollstreckbar, § 120 III FamFG	Wenn abs. Recht betroffen, SE-Anspruch nach § 823 I bzw. Unterlassungsanspruch nach § 1004 I unproblematisch (+) Fraglich aber, ob Ehe *selbst* ein abs. Recht i.S.d. § 823 I darstellt (vgl. im Folgenden)

Steht einem Ehegatten im Falle der Aufnahme einer ehebrecherischen Beziehung ein Unterlassungs- und/oder Schadensersatzanspruch gegen den anderen Ehegatten zu?

FamR: Karteikarte Nr. 10

Unterlassungs- / Schadensersatzanspruch bei Ehestörung gegen *Ehegatten*

Grundsatz	Ausnahmen
Sowohl bei Unterlassungsanspruch (§§ 823 I, 1004; vollstreckbar, vgl. § 890 ZPO) als auch bei Schadensersatzanspruch (§ 823 I) besteht Gefahr der **Umgehung** von § 120 III FamFG, daher (-)!	• rein vermögensrechtl. Pflichten, für die § 120 III FamFG ohnehin nicht gelten würde (keine Umgehungsgefahr!): z.B. Zustimmung zur gemeinsamen Einkommensteuerveranlagung, §§ 26, 26b EStG • (+), wenn *sonstige* abs. Rechte des Ehegatten beeinträchtigt; allgem. PersR hierbei aber nur bzgl. des räumlich-gegenständl. Bereichs der Ehe geschützt (z.B.: bei Aufnahme des Liebhabers in ehel. Wohnung!)

Kommen in der Konstellation von KK Nr. 18 Unterlassungs- bzw. Schadensersatzansprüche gegen den ehestörenden Dritten in Betracht?

↳ FamR, Rn. 77

Unterlassungs- / Schadensersatzanspruch bei Ehestörung gegen den *Dritten*

Unstr. (+), wenn räuml.-gegenständl. Bereich der Ehe betroffen; im Übrigen aber str.:

H.M.: (-)

- Gefahr, dass hierdurch mittelbar Zwang auf den *Ehegatten* entgegen § 120 III FamFG ausgeübt wird
- BGH: Gefahr dass Dritter beim Ehegatten nach § 426 I, II Regress nimmt; dagegen: kein Anspruch gegen Ehegatten, Gesamtschuld (-)!
- Verletzung ehel. Pflichten soll nicht auf den Dritten abgewälzt werden

a.A.: (+)

Dritter genießt keinen Schutz, § 120 III FamFG (-); **daher:** § 823 und § 1004 (+) bzgl. „Abwicklungsinteresse“ (v.a.: Scheidungskosten); nicht Bestandsinteresse (z.B. Erwerbsaussichten wg. Mitarbeit im Betrieb des Schwiegervaters o.ä.)

Kann ein Ehemann vom Erzeuger eines Ehebruchskindes nach erfolgter Vaterschaftsanfechtung Ersatz des dem Kind gewährten Unterhaltes verlangen?

↳ FamR: Karteikarte Nr. 11

Rückgriff beim Erzeuger

Beachten: Allenfalls ab rechtskräftiger Vaterschaftsanfechtung, vgl. § 1600d IV

§ 1607 III S.2, 1601	Legalzession; zum Unterhalt zählen auch die Kosten der Vaterschaftsanfechtung, vgl. § 1610 II
§ 823 I	nach h.M. kein Anspruch gegen Dritten wg. Ehestörung (vgl. vorherige KKs); (-)
§§ 670, 683	i.d.R. wg. § 687 I (-), da kein Fremdgeschäftsführungsbewusstsein; im Übrigen: wg. Legalzession erlischt Unterhaltsverpflichtung des Erzeugers nicht, daher kein fremdes Geschäft geführt!
§ 812 I S.1 2.Alt.	ebenso (-), da Erzeuger nichts erlangt hat

Nach welchen Zeiträumen ist hinsichtlich des sich aus einer Ehe ergebenden Unterhaltes zu differenzieren?

Allgemeine Ehewirkungen

↳ FamR, Rn. 86

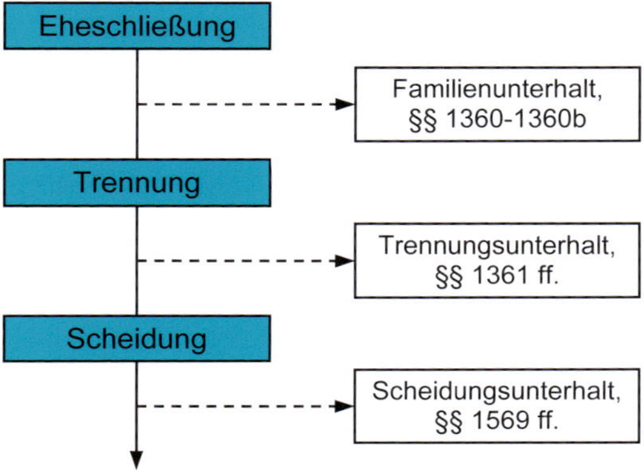

Haben gemeinsame Kinder einen Anspruch auf Familienunterhalt? In welcher Form ist Familienunterhalt zu leisten?

FamR: Karteikarte Nr. 12

Familienunterhalt

Anspruch der gemeinsamen Kinder?	(-), § 1360 ff. berechtigt *nur* die Ehegatten untereinander; aber: *Umfang* des Unterhaltsanspruches bemisst sich nach Lebensbedarf der Familie, also auch der gemeinsamen Kinder, § 1360a I
Art der Unterhaltsgewährung	Grds. primär auf Naturalleistung gerichtet (Verpflegung, Wohnung, Bekleidung), § 1360a II S.1: Maßgebl. sind Bedürfnisse der ehel. Lebensgemeinschaft. Zusätzlich aber auch Anspruch auf Taschengeld

Nach welchem Muster vollzieht sich jede Prüfung eines Unterhaltsanspruches?

FamR, Rn. 372

Allgemeines Schema für Unterhaltsanspruch

(1)	Unterhaltstatbestand	z.B. § 1361 oder § 1601; Anspruchsteller = UH-Berechtigter; Anspruchsgegner = UH-Verpflichteter
(2)	Umfang und Inhalt Bedarf des UH-Berechtigten	v.a.: Geldrente / Naturalleistung, §§ 1610, 1612, 1578
(3)	Bedürftigkeit des UH-Berechtigten	vgl. z.B.: § 1602 I
(4)	Leistungsfähigkeit des UH-Verpflichteten	vgl. z.B.: §§ 1603, 1581
(5)	Kein Ausschluss	z.B.: § 1611

Passen Sie den Anspruch auf Trennungsunterhalt in dieses Schema ein!

↳ FamR, Rn. 88 ff.

Trennungsunterhalt

(1)	Unterhaltstatbestand	**<u>§ 1361:</u>** Anspruch eines Ehegatten gegen den anderen bei Getrenntleben i.S.d. §§ 1361 I S.1, 1567
(2)	Umfang und Inhalt	Maßgebl. sind ehel. Lebensverhältnisse: verfügbares Einkommen der Eheleute; Geldrente im Voraus, § 1361 IV
(3)	Bedürftigkeit des UH-Berechtigten	nicht ausdr. normiert; kommt z.B. in § 1361 II zum Ausdruck (vgl. §§ 1569 ff.)
(4)	Leistungsfähigkeit	Selbstbehalt für Schuldner
(5)	Kein Ausschluss	v.a. Härteklausel, §§ 1361 III, 1579

Ist die pauschale Aussage richtig, dass es sich bei § 1357 BGB um den Fall einer gesetzlichen Verpflichtungsermächtigung handelt?

↬ FamR, Rn. 97 f.

Regelungsgehalt von § 1357

Handeln in fremdem Namen	(i.S.v. § 164 I S.1, S.2): es liegt ein Fall der Stellvertretung i.S.d. §§ 164 ff. vor; § 1357 gibt nach h.M. gesetzliche **Vertretungsmacht**, *keine* **Verpflichtungsermächtigung**!
⇕	
Kein Handeln in fremdem Namen	§ 1357 macht als Fall der **gesetzl. Verpflichtungsermächtigung** Ausnahme vom Offenkundigkeitsgrundsatz: der nicht handelnde Ehegatte wird mitverpflichtet / mitberechtigt

Ist § 1357 BGB eher extensiv oder eher restriktiv auszulegen? Warum?

↳ FamR, Rn. 95 ff.

§ 1357 ist nach h.M. **restriktiv** auszulegen, vgl. die folgenden Karteikarten

Grund: Vorschrift diente früher dem Schutz der haushaltsführenden Ehefrau, der eine Mitverpflichtung des Ehemannes ermöglicht werden sollte; diesen Zweck hat die Vorschrift mit Aufgabe der „**Hausfrauenehe**“ als gesetzlichem Leitbild verloren!

↓ ↓

Vorschrift stellt damit nur noch eine Gläubigerbegünstigung dar; eine solche muss aber, um nicht dem Diskriminierungsverbot des Art. 6 I GG zuwiderzulaufen, sehr eng ausgelegt werden.

Nennen Sie die allgemeinen Prüfungsvoraussetzungen von § 1357 BGB!

Allgemeine Ehewirkungen

FamR, Rn. 109

§ 1357

(1)	Wirksame **Ehe**, kein **Getrenntleben** (§§ 1357 III, 1567 I) bei Vertragsschluss
(2)	Geschäft zur **angemessenen** Deckung des **Lebensbedarfs** der Familie
(3)	Aus **Umständen** ergibt sich nichts anderes (Eigengeschäft), § 1357 I S.2 HS. 2
(4)	Kein **Ausschluss** / keine **Beschränkung** nach § 1357 II

Wann liegt ein Geschäft zur angemessenen Deckung des Lebensbedarfes vor?

FamR: Karteikarte Nr. 16

Geschäft zur angemessenen Deckung des Lebensbedarfes

Lebensbedarf (+)	Deckung des Lebensbedarfs dient Rechtsgeschäft, wenn persönlicher Bedarf d. Ehegatten / der gemeinsamen Kinder befriedigt werden soll (sehr weit)
angemessen (+)	Abhängig vom konkreten Lebenszuschnitt der Familie (aber unabhängig vom konkreten *Bedarf*, d.h.: egal, ob konkr. Gegenstand gerade benötigt wird!), restriktive Auslegung! Zudem:
tel. Reduktion	Aus den Gründen nach KK Nr. 26: § 1357 (-), wenn vorherige Absprache zwischen Eheleuten üblich, z.B.: Erwerb einer Eigentumswohnung (str.)!

Charakterisieren Sie die Schuldnermehrheit im Falle einer Mitverpflichtung nach § 1357 BGB!

↳ FamR, Rn. 99 ff.

Art der Mitverpflichtung, § 1357

Verpflichtung beider Ehegatten, § 1357 I S.2; Fall der **Gesamtschuldnerschaft**, §§ 421 ff.

Gestaltungsrechte	(z.B.: Anfechtung, Rücktritt etc.) • *keine* gemeinschaftl. Ausübung nötig • Ausübung über § 1357 BGB auch durch den mitverpflichteten Ehegatten!
Gesamtwirkung	grds. (-), § 425 I; jedoch: nach Sinn des § 1357 ist Schuld des Mithaftenden streng akzessorisch zur Schuld des Handelnden Ehegatten, es ergibt sich „ein anderes“ i.S.v. § 425 I!

Welcher Art ist die Gläubigermehrheit im Falle einer Mitberechtigung nach § 1357 I S.2 BGB?

↳ FamR, Rn. 101

Art der Mitberechtigung, § 1357

e.A.: Mitgläubigerschaft, § 432	**a.A.:** Gesamtgläubigerschaft, § 428
Leistung sei rechtlich unteilbar, müsse an beide Ehegatten gemeinsam erfolgen Aus Praktikabilitätsgründen wird jedoch von einer Ermächtigung an den Handelnden Ehegatten auszugehen sein, die Leistung **alleine** einzuziehen	• wg. Ermächtigung zur Einziehung bliebe von § 432 nichts übrig • erwünschtes Ergebnis daher dogmatisch „sauber“ über Gesamtgläubigerschaft erreichbar: Leistung kann wahlweise an einen Ehegatten erfolgen!

Kommt § 1357 BGB dingliche Wirkung zu?

↳ FamR, Rn. 106

Dingliche Wirkung des § 1357?

h.M.: (-), denn: Gefahr der **Kollision** mit dem Güterrecht; zudem **Wortlaut** des § 1357 I S.2!
§ 1357 führt also nicht zu einem automatischen Miteigentumserwerb!

↓

Aber: Nach allgemeinen Grundsätzen (v.a.: Übereignung „an den, den es angeht") kann es zum Erwerb von Miteigentum kommen, dies ist häufig bei gemeinsam genutzten Hausratsgegenständen der Fall, vgl. auch § 1568b II!

Wie ist die Rechtslage, wenn im Falle des § 1357 BGB der handelnde Ehegatte nicht voll geschäftsfähig ist?

FamR: Karteikarte Nr. 17

Keine volle Geschäftsfähigkeit bei § 1357

Handelnder geschäftsunfähig	WE des handelnden Ehegatten nach § 105 II nichtig, keine wirksame (Mit-)Verpflichtung über § 1357 möglich!
Handelnder beschränkt geschäftsfähig	• Verpflichtung des beschr. geschäftsfähigen Ehegatten nach §§ 107, 108 schwebend unwirksam • Mitverpflichtung des anderen Ehegatten (+), da insoweit neutrales Geschäft, Gedanke des **§ 165**! Zu beachten aber evtl. Nichtigkeit wg. **§ 139**

Liegt bei einem Kreditvertrag (§§ 491, 506 BGB), der der angemessen Deckung des Lebensbedarfes dient, eine wirksame Mitverpflichtung des Ehegatten nach § 1357 BGB vor, wenn der handelnde Ehegatte ausreichend belehrt wurde und ihm gegenüber § 492 BGB eingehalten wurde?

Allgemeine Ehewirkungen

↳ FamR: Karteikarte Nr. 18

§§ 1357 und 491 ff.

e.A.: § 1357 voll anwendbar	a.A.: § 1357 allenfalls eingeschränkt anwendbar
• wg. weiter Verbreitung von Kreditgeschäften (v.a.: Ratenzahlungsvereinbarungen!): § 1357 würde in seinem Anwendungsbereich zu stark eingeschränkt! **Daher:** Mitverpflichtung ohne weiteres **wirksam**!	• Mitverpflichtung mit Schuldbeitritt vergleichbar, auf diesen finden §§ 506 ff. Anwendung! Verbraucherschutz! **Daher:** § 1357 überhaupt nicht anwendbar oder zumindest: **§ 495** muss bzgl. des Mitverpflichteten gewahrt sein; **Belehrung**! Mitverpflichteter erhält eigenes WiderrufsR; zudem bei WiderrufsR des Handelnden: Einrede d. Gestaltbarkeit!

M erwirbt bei V einen Staubsauger für 500 €; hierbei handelt er ausdrücklich im Namen seiner Ehefrau F, wobei er sich selbst nicht verpflichten will. Hat V gegen M einen Anspruch aus § 433 II BGB?

↬ FamR: Karteikarte Nr. 19

- M hat F als gesetzlicher Vertreter (Vertretungsmacht = § 1357) i.S.d. §§ 164 ff. wirksam berechtigt und verpflichtet
- grds. ergibt sich aus Sinn und Zweck des § 1357 eine *eigene* Mitverpflichtung, es sei denn: § 1357 I S.2 HS. 2: Aus den Umständen ergibt sich ein anderes nur dann, wenn M eine eigene Mitverpflichtung ausdrücklich ausschließt; da hier (-): Anspruch V gegen M aus § 433 II (+)

↓

Anfechtung durch M wg. **Inhaltsirrtumes**, § 119 I 1.Alt?

- Erklärtes und Gewolltes (Verpflichtung der F) weichen nicht voneinander ab; eigene Verpflichtung des M ergibt sich wg. § 1357 aus *Gesetz*, damit unbeachtl. Rechtsfolgeirrtum, § 119 I 1.Alt. (-)
- zudem Rechtsgedanke des § 164 II anwendbar

Daher: Anfechtung aus diesem Grund nicht möglich!

Stellen Sie § 1362 BGB und § 739 ZPO bzgl. Regelungszweck und Wirkung einander gegenüber!

Allgemeine Ehewirkungen

↳ FamR: Karteikarte Nr. 21

§ 1362	⟷	§ 739 ZPO
Zweck: Wg. oft unklarer Eigentumslage wird zugunsten der Gläubiger eines Ehegatten dessen Eigentum vermutet; so Vermeidung von § 771 ZPO des anderen Ehegatten		**Zweck:** Wg. §§ 808, 809 ZPO gilt der Ehegatte als alleiniger Gewahrsamsinhaber, dessen Eigentum nach § 1362 vermutet wird; Vermeidung des § 766 ZPO durch anderen Ehegatten
Wirkung: Gesetzliche **Vermutung**, Gegenbeweis (§ 292 ZPO) ist möglich		**Wirkung:** Gesetzliche Fiktion, nicht widerlegbar, es sei denn die Vermutung greift grundsätzlich nicht, § 1362 II (Möglichkeit der Widerlegung im Einzelfall lässt § 739 ZPO unberührt).

Welche Güterstände sieht das BGB vor?

FamR, Rn. 129

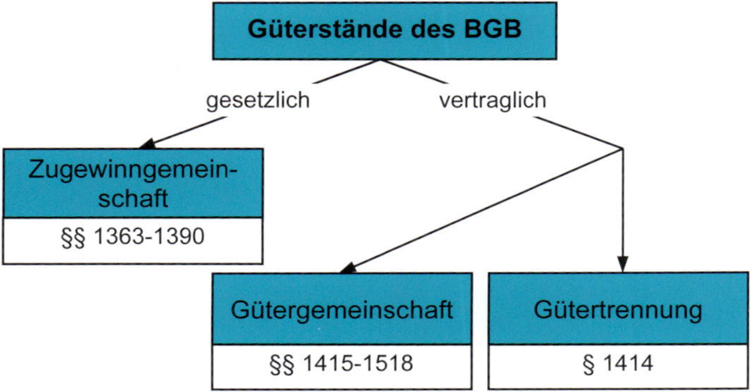
Güterstände des BGB
gesetzlich
vertraglich
Zugewinngemeinschaft
§§ 1363-1390
Gütergemeinschaft
§§ 1415-1518
Gütertrennung
§ 1414

In welche drei Regelungsbereiche lassen sich die Vorschriften über die jeweiligen Güterstände einteilen?

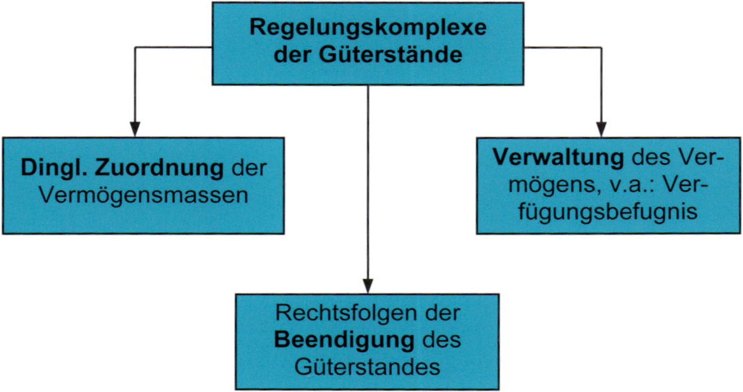
Regelungskomplexe der Güterstände
Dingl. Zuordnung der Vermögensmassen
Verwaltung des Vermögens, v.a.: Verfügungsbefugnis
Rechtsfolgen der Beendigung des Güterstandes

Was sind die Rechtsfolgen von §§ 1365, 1369 BGB?

↳ FamR, Rn. 141 ff.

§§ 1365, 1369

Verpflichtungsgeschäft	= schwebend unwirksam, §§ 1365 I S.2, 1369 I 2.Alt., § 1366 (i.V.m. § 1369 III); einseitiges Rechtsgeschäft: unwirksam, § 1367
Verfügungsgeschäft	= schwebend unwirksam, §§ 1365 I S.2, 1369 I 2.Alt., § 1366 (i.V.m. § 1369 III); **wichtig:** es handelt sich um absolute Verfügungsverbote, die nicht durch guten Glauben überwunden werden können!

Welchem Zweck dient § 1365 BGB?

Regelungszweck des § 1365
Sicherung der wirtschaftlichen Grundlage der Familie
Sicherung des Anspruchs auf Zugewinnausgleich

Wann liegt ein Gesamtvermögensgeschäft i.S.d. § 1365 I BGB vor?

FamR: Karteikarte Nr. 24

Gesamtvermögensgeschäft

Nach **Gesamttheorie** nur Verfügung (bzw. Verpflichtung zur Verfügung) über Gesamtvermögen als *solches* („en bloc“), wie bei § 311 b III

Wg. Regelungszweck (vgl. KK Nr. 40): auch Verfügung über Einzelgegenstände, die (nahezu) das ganze Vermögen ausmachen, sog. **Einzeltheorie** (h.M.)

↓

Wg. dieser Ausweitung des § 1365 andererseits aus Verkehrsschutzgründen Einschränkung: Vertragspartner muss positiv wissen, dass es sich um das (nahezu) ganze Vermögen handelt, **subjektive Einzeltheorie**

Wie bestimmt sich, ob i.S.d. Einzeltheorie ein Geschäft über nahezu das gesamte Vermögen vorliegt?

↳ FamR, Rn. 155 ff.

Bestimmung anhand eines Wertvergleichs zwischen dem Wert des **hingegebenen** und dem Wert des **Rest**vermögens des verfügenden Ehegatten:

- grds. § 1365 (+) bei Restvermögen von weniger als **15%**
- bei **größeren** Vermögen Grenze ca. bei **10%**

↓

!

Unberücksichtigt (d.h.: nicht in den Wert des Restvermögens eingestellt) bleibt eine evtl. **Gegenleistung**.
Arg.: Bloße Gegenforderung, aber auch gezahlte Geldleistung ist wirtschaftlich instabiler als der hingegebene Vermögensgegenstand (a.A. bei Gegenleistung in Form z.B. eines Grundstückes durchaus vertretbar!)
Berücksichtigt wird zurückbehaltenes dingliches Recht wie Nießbrauch

!

Kann die Bestellung eines Grundpfandrechts ein Gesamtvermögensgeschäft i.S.d. § 1365 I BGB darstellen?

Bestellung eines Grundpfandrechts und § 1365

Auch Belastung mit GPR, nicht nur Veräußerung ist eine „Verfügung“, aber: Nach Sinn und Zweck des § 1365 nur dann zustimmungspflichtig, wenn hierdurch Vermögen im Wesentlichen ausgeschöpft wird.

↓ ↓

D.h.: Wenn Grundstück zu ca. 70% belastet wird, gilt dessen Wert als „**ausgeschöpft**“, da in der Zwangsversteigerung etwa nur dieser Wert tatsächlich erzielt wird.
Sofern das *Grundstück* die nötigen 85-90% des Gesamtvermögens ausmacht, liegt ein Geschäft i.S.v. § 1365 I vor!

Bei Vorliegen der übrigen Voraussetzungen sind der **Sicherungsvertrag** (schuldrechtl. causa!) und der **dingliche Bestellungsakt** (schwebend) unwirksam!

Worauf genau muss sich die positive Kenntnis des Vertragspartners nach der subjektiven Einzeltheorie beziehen? Auf welchen Zeitpunkt ist abzustellen?

FamR: Karteikarte Nr. 24

Pos. Kenntnis bei subj. Einzeltheorie

Bezugspunkt	Tatsache, dass es sich bei dem Vertragsgegenstand um nahezu das gesamte Vermögen handelt (evtl. Zurechnung über § 166 I); nicht erforderlich: Kenntnis, dass Verfügender im gesetzlichen Güterstand lebt!
Zeitpunkt	Nur ZP der ***Verpflichtung*** entscheidend, denn: • anderenfalls könnte Ehegatte sich wirks. verpflichten, aber nicht erfüllen; SE-Pflicht z.B. nach §§ 280, 283 würde Zweck des § 1365 zuwiderlaufen: Vermögen der Familie würde gefährdet • wenn Verpflichtung *nach* Verfügung: **ebenso**, da sonst § 812 I S.1 1.Alt. verlorenginge

Kann ein Ehegatte ohne Zustimmung eine Verfügung i.S.d. § 1365 BGB zur Erfüllung einer Verpflichtung vornehmen, die er vor Eheschließung eingegangen ist?

§ 1365 setzt *bestehende* Ehe im gesetzl. Güterstand voraus; daher Verpflichtung ohne Zustimmung wirksam.
Verfügung muss ebenfalls ohne Zustimmung mgl. sein, da eine SE-Pflicht (z.B. §§ 280, 283) dem Zweck des § 1365 zuwiderlaufen würde.

↓

Somit auch Verfügung zustimmungsfrei; Lesart des § 1365 I S.2: „Hat er sich ohne die *erforderliche* Zustimmung des anderen Ehegatten verpflichtet [...]"!

Werden nach §§ 1365 f. BGB schwebend unwirksame Rechtsgeschäfte bei Beendigung des Güterstandes durch Scheidung wirksam?

Konvaleszenz durch Scheidung

Denkbar: Analogie zu § 185 II S.1 2.Alt., da Ehegatte sein alleiniges Verfügungs- und Verpflichtungsrecht „zurückerwirbt“. Allerdings muss genau geprüft werden, ob Zweck des § 1365 derartiges zulässt.

- Schutz der wirtsch. Grundlage d. Familie: **o.K.**, da keine ehel. Lebensgemeinschaft mehr
- Schutz des Zugewinnausgleichsanspruchs: Fragl. Gegenstand würde dem dem Zugewinn des verfügenden Ehegatten entzogen; damit: grds. **keine Konvaleszenz**!

Kommt es im Falle des Todes eines Ehegatten zur Konvaleszenz von nach den §§ 1365 f. BGB schwebend unwirksamen Rechtsgeschäften?

↳ FamR: Karteikarte Nr. 27; FamR, Rn. 147 f.

Konvaleszenz durch Tod eines Ehegatten

Tod des Verfügenden	Es findet Zugewinnausgleich pauschaliert (§ 1371 I) oder nach den §§ 1372 ff. (§ 1371 II) statt; Verpflichtung und Verfügung muss zum Schutz des Zugewinnausgleichs des überlebenden Ehegatten unwirksam bleiben, **keine Konvaleszenz**, § 185 II S.1 Var. 3 analog (-)
Tod des nicht Verfügenden	Beide Schutzinteressen fallen weg: Wirtsch. Grundlage der Familie (-) wg. Beendigung der Lebensgemeinschaft; Zugewinnausgleich muss nicht geschützt werden, da er nicht zugunsten der Erben stattfindet, sondern zugunsten des überlebenden Ehegatten! Damit **Konvaleszenz** (+)!

Wie können die Ehegatten Ansprüche, die sich aus der Unwirksamkeit von Rechtsgeschäften nach den §§ 1365, 1369 BGB ergeben, geltend machen?

↳ FamR: Karteikarte Nr. 26

Verfügender Ehegatte	Kann Ansprüche (v.a.: § 985, § 812 I S.1 1.Alt., 894) **selbst** geltend machen, keine Besonderheiten. Evtl. hat der andere Ehegatte aus § 1353 I S.2 sogar Anspruch gegen ihn, dass er Ansprüche geltend macht!
⇕	
Nicht verfügender Ehegatte	• Zunächst eigene Ansprüche prüfen: § 861, § 1007 II (v.a. bei § 1369!) wg. (Mit-)Besitzentzug • Kann Ansprüche des verfügenden Ehegatten geltend machen: **§ 1368** gibt gesetzliche Verfahrensstandschaft! (Geltendmachung eines *fremden* Rechts im *eigenen* Namen, d.h. nicht verfügender Ehegatte ist Verfahrensbeteiligter!) Dabei: Herstellung des urspr. Zustandes, v.a.: Herausgabe an beide (§ 986 I S.2, § 869 I S.2 analog)

Kann bei einem Grundstückskauf dem Ehegatten der nach §§ 1368, 894 BGB Grundbuchberichtigung zugunsten des anderen Ehegatten geltendmacht, entgegengehalten werden, dass der Kaufpreis zurückzuzahlen sei?

↳ FamR: Karteikarte Nr. 26

Käufer hat Gegenanspruch aus § 812 I S.1 1.Alt., wenn Kaufvertrag nach § 1365 I S.1 unwirksam.

Aber: Würde der Käufer diesen Anspruch dem nicht verfügenden Ehegatten nach § 273 entgegenhalten können, liefe das Revokationsrecht nach § 1368 weitgehend leer, da dieser Ehegatte den Kaufpreis nicht erhalten hat und somit auch nicht rückerstatten kann.

↓

Daher nach h.M. ZBR wg. Rückerstattung der Gegenleistung (-)

Findet § 1369 BGB auch Anwendung auf Verträge über bzw. Verfügungen bzgl. Haushaltsgegenständen, die dem anderen Ehegatten gehören?

FamR: Karteikarte Nr. 28

§ 1369 bei Verfügung über Sache des anderen Ehegatten

Denkbar: § 1369 I wg. klarem Wortlaut („ihm gehörende") abschließend, Analogie nicht möglich

Aber: In diesem Fall i.d.R. Verfügung unwirksam, da Verfügender = Nichtberechtigter und wg. Mitbesitz Abhandenkommen, § 935; Gesetzgeber hielt deshalb Anordnung der Unwirksamkeit für unnötig

Übersehen wurden aber Fälle, bei denen mangels (Mit)Besitzes ein Abhandenkommen ausscheidet; daher **keine** abschließende Regelung, Analogie (+), da auch vergleichbare Interessenlage!

Wie ist der Anspruch auf Zugewinnausgleich zu berechnen?

FamR, Rn. 177 f.

Anspruch auf Zugewinnausgleich (ZGA)
§§ 1372 ff.

(1)	Berechnung des jeweiligen Zugewinns der Eheleute (getrennt): Zugewinn (ZG) = Endvermögen (EV) – Anfangsvermögen (AV), § 1373
(2)	Anspruch: ½ X [höherer ZG – niedrigerer ZG], § 1378 I

Wie hoch ist das Anfangsvermögen, wenn der Ehegatte bei Eheschließung einzig 25.000 € Schulden hatte und später von seiner Mutter 40.000 € geerbt hat?

FamR: Karteikarte Nr. 33; FamR, Rn. 188 f.

Echtes Anfangsvermögen:	-**25.000 €**, vgl. § 1374 III
Fiktives Anfangsvermögen:	**40.000 €**, vgl. § 1374 II
Saldierung:	**15.000 €**

Erhöhen während der Ehe erhaltene
Trinkgelder das Anfangsvermögen?
Wie verhält es sich bei Wertsteigerungen?

! Eheliches Güterrecht / Zugewinngemeinschaft **FamR 52**

↳ FamR, Rn. 187, 195

Trinkgelder würden AV nur erhöhen, wenn Schenkung i.S.v. § 1374 II (+); aber: es fehlt an Einigung über Unentgeltlichkeit, Trinkgeld ist als *Entgelt* für geleistete Dienste zu betrachten; § 1374 II (-)!

Wertsteigerungen:

echte:	unechte:
Wert erhöht sich tatsächlich, nicht infolge Inflation	Wert erhöht sich nur infolge Inflation
*End*vermögen (und Zugewinn) erhöht sich entsprechend, vgl. § 1376 II	ZG soll sich nicht ändern; daher **Bereinigung** durch Erhöhung des *AV*

Sind im Rahmen von § 1374 II BGB auch Zuwendungen der Eheleute untereinander zu berücksichtigen?

↳ FamR, Rn. 188

§ 1374 II bei Zuwendung durch anderen Ehegatten

„unbenannte" Zuwendung	= wird um der Ehe willen zur Verwirklichung der ehel. LGem. Erbracht, kein spürbares Vermögensopfer; daher keine Einigung über Unentgeltlichkeit, keine Schenkung i.S.d. §§ 516 ff.!
	Daher schon § 1374 II nach Wortlaut (-)!
(echte) Schenkung	i.S.d. §§ 516 ff.; auch unter Eheleuten möglich, nicht jede Zuwendung muss „unbenannt" sein!
	Wortlaut d. § 1374 II (+), **aber:** Vorschrift soll solchen Vermögenszuwachs aus Zugewinn herausnehmen, an dem der andere Ehegatte nicht beteiligt ist (typisch: Erbschaft von Drittem etc.!); bei Geschenk durch anderen Ehegatte ist dies nicht der Fall; außerdem § 1380 lex specialis § 1374 II (-)!

Warum ordnet § 1380 II S.1 BGB eine Erhöhung des Zugewinns des zuwendenden Ehegatten an?

Zweck des § 1380 II S.1

Nach § 1380 I S.1 erfolgt eine **Anrechnung von Vorausempfängen** auf den ZGA i.S.d. § 1378. Dazu muss der ZGA berechnet werden, der bestünde, wenn die Zuwendung nicht erfolgt wäre.

§ 1380 II S.1 erhöht den ZG des Zuwendenden um den Betrag der Zuwendung, da das EV bei nicht erfolgter Zuwendung entsprechend höher wäre. So kann der im obigen Sinne **bereinigte ZGA** ermittelt werden!

Wie wird bei § 1380 BGB die Zuwendung im Vermögen des Empfängers behandelt?

FamR: Karteikarte Nr. 38

§ 1380: Behandlung der Zuwendung beim Empfänger

Zur Ermittlung des bereinigten ZGA ist der ZG des Empfängers zu ermitteln *ohne* die Zuwendung.

Da diese im EV des **Empfängers** aber vorhanden ist und auch nach h.M. eine Erhöhung des AV nach § 1374 II ausscheidet, ist der **ZG** um den Betrag der Zuwendung zu **vermindern**, soweit die Zuwendung noch im Vermögen des Empfängers vorhanden ist (str.! Die Gegenansicht will die Zuwendung immer aus dem Zugewinn des Empfängers herausrechnen)

In welchen Schritten hat also die Berechnung nach § 1380 BGB zu erfolgen?

FamR, Rn. 201 ff.

§ 1380

(1)	**Erhöhung** des **ZG** des Zuwendenden, § 1380 II S.1
(2)	**Verringerung** des **ZG** des Empfängers, soweit Zuwendung bei ihm noch vorhanden (vgl. KK Nr. 57)
(3)	Ermittlung des um die Zuwendung **bereinigten ZGA's**

Rechtsfolge:

Dieser bereinigte ZGA ist um den Betrag der Zuwendung zu kürzen, **Anrechnung** gem. § 1380 I S.1

Wann ist § 1380 I BGB anwendbar?

Anwendbarkeit von § 1380

- Anwendbarkeit der §§ 1372 ff. (wirksame Ehe im gesetzl. Güterstand; Beendigung in anderer Weise als durch Tod)
- Zuwendung mit Anrechnungsbestimmung, § 1380 I S.1, S.2, durch den Schuldner der Ausgleichsforderung!

↓ ↓

Problem:

Zuwendung durch den Gläubiger der Ausgleichsforderung: § 1380 nach eindeutigem Wortlaut nicht anwendbar, Rückabwicklung der Zuwendung nur über den ZGA, bei grober Unbilligkeit (bspw. ZGA deutlich kleiner als Zuwendung) evtl. § 313.

Was geschieht, wenn bei § 1380 BGB der Zugewinnausgleichsanspruch geringer ist als der Wert der anzurechnenden Zuwendung?

§ 1380 ist anwendbar, da der Schuldner eine Zuwendung gemacht hat, bleibt auch der bereinigte ZGA kleiner als die Zuwendung, entfällt durch die Anrechnung der ZGA vollständig.

Bsp.: ZG M = 10, F = 5, Zuwendung M an F = 15

1. Bereinigung des ZG: M = 25, F = 0

2. Bereinigter ZGA = 12,5

3. Anrechnung nach § 1380 I S.1: ZGA = 0

Stellen Sie dar, in welchen Konstellationen § 1390 BGB zur Anwendung kommt!

FamR: Karteikarte Nr. 41

§ 1390

Abs.1 Nr. 1. Zuwendung des ausgleichspflichtigen Ehegatten an einen Dritten in der Absicht, den anderen Ehegatten zu benachteiligen **und**

↓

Abs. 1 Nr. 2: Ausgleichsforderung übersteigt Vermögen des ausgleichspflichtigen Ehegatten, ist dort also nicht realisierbar

M hat der F während der Ehe ein wertvolles Kaffeeservice „geschenkt“, das beide zu besonderen Anlässen gemeinsam benutzten. Kann er dieses nach der Scheidung herausverlangen?

↳ FamR: Karteikarte Nr. 42

§§ 530, 531	(-), da keine Schenkung, sd. unbenannte Zuwendung, bei der Einigung über Unentgeltlichkeit fehlt: Zuwendung wird zur Verwirklichung der ehel. LGem. erbracht! Außerdem kein spürbares Vermögensopfer des Übertragenden
§ 812 I S.2 2.Alt.	Zweckkondiktion mangels Zweckabrede i.d.R. (-): Fortbestand der Ehe als *selbstverständlich* vorausgesetzt. Außerdem **§ 815** wg. Zerrüttungsprinzip **unpassend.**
SGG i.S.d. § 313	Fortbestand der Ehe Geschäftsgrundlage der unbenannten Zuwendung.
	Bei Zugewinngemeinschaft aber nur, wenn §§ 1372 ff. zu **untragbarem Ergebnis** führen! Einzelfallabhängig!

Nennen Sie zwei typische Konstellationen, bei denen trotz der §§ 1372 ff. BGB eine Rückabwicklung unbenannter Zuwendungen über die Grundsätze der SGG i.S.d. § 313 in Betracht kommt!

↳ FamR, Rn. 232 f.

- Unbilligkeit des *Geld*ausgleichs: Zuwendender Ehegatte hat besonderes pers. Interesse, gerade die zugewendete *Sache* zu erhalten (gegen Zahlung eines entspr. Betrages)
- starke Verschuldung des Empfängers, sodass keine Erhöhung des Zugewinns durch Zuwendung!

Keinesfalls ausreichend ist das Argument, dass nach den §§ 1372 ff. der Zuwendende **nur hälftig** an der durch die Zuwendung beim Empfänger eingetretenen Vermögensmehrung beteiligt wird: Dies ist die grds. hinzunehmende von den §§ 1372 ff. getroffene **Wertentscheidung**!

Zwischen welchen Vermögensmassen ist bei der Gütergemeinschaft zu unterscheiden?

↳ FamR: Karteikarte Nr. 44

Vermögensmassen bei Gütergemeinschaft

Gesamtgut	Sondergut	Vorbehaltsgut
§ 1416: Gesamthandsvermögen der Eheleute; Regelfall	**§ 1417**: Nicht rechtsgeschäftl. übertragbares Vermögen; bleibt im alleinigen Vermögen des jew. Ehegatten	**§ 1418**: V.a. Bestimmung durch Ehevertrag, § 1418 II Nr. 1; bleibt alleiniges Vermögen des jew. Ehegatten

Also: **5** Vermögensmassen: Gesamtgut, 2 x Sondergut, 2 x Vorbehaltsgut! **!**

Wie ist in einer Gütergemeinschaft die Verwaltungsbefugnis ausgestaltet?

FamR: Karteikarte Nr. 44

Verwaltung bei Gütergemeinschaft
(insbes. Verfügungsbefugnis)

Gesamtgut	• grds. gemeinschaftlich, §§ 1421 S.2, 1450 ff.; bei Passivprozess deshalb materiellrechtl. notwendige Streitgenossenschaft, § 62 I 2.Alt. ZPO • Einzelverwaltung (Bestimmung durch Ehevertrag), §§ 1421 S.1, 1422 ff.
Sondergut	Verwaltung durch **jew. Ehegatten**, aber für Rechnung des Gesamtgutes, § 1417 III S.1, S.2
Vorbehaltsgut	Verwaltung durch **jew. Ehegatten** für eigene Rechnung, § 1418 III S.1, S.2

Kann im Falle der Einzelverwaltung durch einen Ehegatten bzgl. des Gesamtgutes ein gutgläubiger Erwerb nach § 892 BGB vom anderen Ehegatten stattfinden?

↳ FamR, Rn. 271

Unbeachtlich, ob Eintragung der Einzelverwaltung im Güterrechtsregister stattgefunden hat: § 1412 bewirkt *negative* Publizität, Eintragung schließt öfftl. Glauben des *Grundbuchs* nicht aus!

h.M.	a.A.
Gutglaubenserwerb möglich, denn: • Es handelt sich um relative VerfBeschr., § 892 I S.2 (+), da beruhend auf Rechtsgeschäft: EheV! (sehr fraglich) • Erwerber geht i.d.R. von *Allein*-eigentum aus; Problematik, ob rel. / abs. Verfügungsbeschränkung, stellt sich nicht!	Gutglaubenserwerb nicht möglich, denn: • Warum anders als §§ 1365, 1369? Bei Gütergemeinschaft noch *weniger* an Berechtigung! • V.a.: schuldrechtl. Vertrag mangels Verpflichtungsbefugnis unwirksam; Eigentum ohnehin nicht kondiktionsfest!

In welchen Schritten ist klausurmäßig zu prüfen, ob die Ehe gescheitert ist?

Ehescheidung

↳ FamR: Karteikarte Nr. 45

Scheitern der Ehe (Zerrüttung)
= einziger Scheidungsgrund

§ 1566 II	3-jähriges Getrenntleben
wenn (-)	
§ 1566 I	1-jähriges Getrenntleben + Einverständnis
wenn (-)	
§ 1565 I S.2	• keine Lebensgemeinschaft (Analyse) und • Wiederherstellung nicht zu erwarten (Prognose)

§ 1566 II und § 1566 I: Scheitern unwiderlegbar vermutet

§ 1565 I S.2: pos. Nachweis nötig

Ist ein Getrenntleben i.S.d. §§ 1565 ff. BGB schon deshalb abzulehnen, weil die Eheleute dieselbe Wohnung nutzen?

↳ FamR: Karteikarte Nr. 46

Getrenntleben bei Nutzung derselben Wohnung

Getrenntleben gem. § 1567 I S.1 (+), wenn
- keine häusliche Gemeinschaft mehr und
- (mind.) ein Ehegatte will diese erkennbar nicht herstellen

↓

Beendigung der häusl. Gemeinschaft auch **innerhalb der ehelichen Wohnung** möglich, § 1567 I S.2

Kriterien v.a.: kein gemeinsamer Haushalt, getrennte Haushaltsführung; keine persönlichen Beziehungen mehr; getrennte Nutzung der *gleichen* Räume (Küche, Bad) ist unschädlich!

Genügt es für die Vermutung des § 1566 I BGB, wenn zwar beide Ehegatten die Scheidung beantragt haben, eine Einigung über das elterliche Sorgerecht aber nicht erfolgt ist?

FamR, Rn. 280

§ 1566 I

Sog. **einverständliche** Scheidung; nach **Wortlaut** nur Einigung über Scheidung als *solche* erforderlich, die im von beiden Seiten gestellten Scheidungsantrag zum Ausdruck kommt.

Anders als nach § 630 I Nr. 2 ZPO a.F. muss nach § 133 FamFG keine Einigung mehr bzgl. des Sorgerechts und anderer Folgesachen erfolgen, nur Mitteilung, ob Einigung erzielte wurde, zwingend

Vor Ablauf eines Trennungsjahres darf nur in Fällen einer unzumutbaren Härte geschieden werden, § 1565 II BGB.

Worauf muss sich die „unzumutbare Härte" in § 1565 II BGB beziehen?

Wann ist eine solche z.B. gegeben?

↳ FamR, Rn. 284

Unzumutbare Härte, § 1565 II

Vorschrift meint *nicht* die (im Regelfall schon beendete) ehel. Lebensgemeinschaft, sd. das Band der Ehe als solches!

Es müsste unzumutbar sein, das einjährige Getrenntleben abzuwarten, bis die Scheidung der Ehe erfolgen könnte!

Beispiele: (strenge Anforderungen!)

- Schwangerschaft von anderem Mann
- schwere Verfehlungen ggü. anderem Ehegatten, z.B. körperliche Mißhandlungen, schwere Beleidigungen, ernstzunehmende Bedrohungen
- schwerwiegende Verletzungen ehel. Verpflichtungen, z.B. ehebrecherisches Verhältnis mit Angehörigem des anderen Ehegatten etc.

Nennen Sie die wichtigsten Rechtsfolgen, die an die Ehescheidung geknüpft sind!

Ehescheidung

↳ FamR, Rn. 294

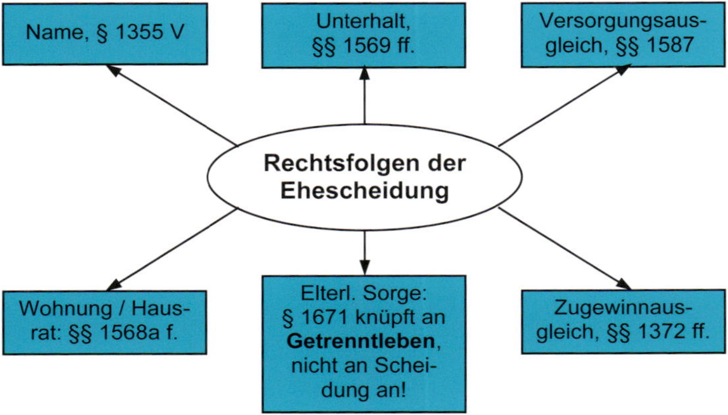

Nach welchem Schema ist der Anspruch auf Scheidungsunterhalt zu prüfen (vgl. KK Nr. 23)?

↳ FamR, Rn. 297

Scheidungsunterhalt, §§ 1569 ff.

(1)	Unterhaltstatbestand	• Ehescheidung • Bedürftigkeitsgründe: §§ 1570-1573; 1575; 1576 (§ 1574 beachten!)
(2)	Umfang und Inhalt	§ 1578; v.a. § 1578b; Geldrente, § 1585 I
(3)	Bedürftigkeit des UH-Berechtigten	keine Möglichkeit der Selbstunterhaltung, § 1577
(4)	Leistungsfähigkeit des UH-Verpflichteten	keine Gefährdung des **eigenen** Unterhalts, § 1581
(5)	Kein Ausschluss	§§ 1579, 1585b, 1585c

Welche Unterhaltstatbestände sind in den §§ 1569 ff. BGB enthalten?
Wie ist ihr systematisches Verhältnis?

Ehescheidung

FamR: Karteikarte Nr. 47

§ 1570	Betreuung eines gem. Kindes	Vorrang ggü. anderen Tatbeständen der §§ 1569 ff.
§§ 1571 f.	UH wg. Alter, Krankheit, Gebrechen	ggü. § 1570 subsidiär
§ 1573	Unmglk. der Erlangung einer angemessenen Erwerbstätigkeit	ggü. §§ 1570 - 1572 subsidiär, vgl. § 1573 I HS.1
§ 1575	Ausbildung, Fortbildung, Umschulung	ggü. § 1570 subsidiär; Vorrang vor § 1573
§ 1576	UH aus Billigkeitsgründen	ggü. anderen Tatbeständen Auffangtatbestand, subsidiär

Gilt § 286 II S.1 BGB im Rahmen von § 1585b II BGB?

FamR, Rn. 308

§§ 1585b II, 1613 I

UH für Vergangenheit, wenn Schuldnerverzug mit Unterhaltspflicht

Grundsatz:

Wegen § 1585 I S.2 wäre Unterhaltsanspruch *immer* kalendermäßig bestimmt i.S.d. § 286 II S.1

Deshalb: § 286 II S.1 unanwendbar, da § 1585b II anderenfalls leerliefe: die Vorschrift wäre immer erfüllt!

Ausnahme:

Zur Vermeidung ungerechtfertigter Nachteile für den UH-Berechtigten: § 286 II S.1 anwendbar, wenn

- vertragl. Regelung über UH getroffen *oder*
- UH gerichtlich abgeurteilt

Kann der unterhaltsverpflichtete Ehegatte den Scheidungsunterhalt beliebig weit im Voraus entrichten?

↳ FamR, Rn. 309

Entrichtung von Scheidungsunterhalt im Voraus

Bei anderen UH-Tatbeständen: UH-Schuldner handelt auf eigene Gefahr, wenn Vorausleistung für mehr als 3 Monate, § 1614 II i.V.m. §§ 1361 IV, 1360a III

Für Analogie fehlt aber neben Regelungslücke auch vergleichbare Interessenlage: Wesensverschiedenheit von UH *während* und *nach* der Ehe
Analogie also (-)

BGH: Bzgl. Erfüllbarkeit ist i.S.v. § 271 I etwas anderes den Umständen zu entnehmen: UH soll **laufenden** Lebensbedarf sichern!
Daher Erfüllbarkeit nur 6 Monate im Voraus

Was geschieht mit dem gemeinsamen Sorgerecht der Eltern nach der Scheidung?

FamR: Karteikarte Nr. 51

Seit Kindschaftsrechtsreformgesetz v. 01.07.1998: Scheidung *kein* Anknüpfungspunkt für gerichtliche Regelung der elterl. Sorge, sondern dauerhafte *Trennung*, § 1671 I

↓

Wird Antrag auf gerichtl. Übertragung der elterl. Sorge auf einen Elternteil **nicht** gestellt, bleibt **gemeinsames** SorgeR bestehen (aber modifiziert, vgl. § 1687!)

Anhand welcher drei Kriterien ist bei einer gerichtlichen Sorgerechtsübertragung gem. § 1671 II Nr. 2 BGB das Kindeswohl zu bestimmen?

FamR: Karteikarte Nr. 53

Förderungsprinzip

Bestmögl. Aufbau der Persönlichkeit des Kindes: Erziehungsfähigkeit

↑

Kindeswohl, § 1671 II Nr. 2

↙ ↘

Kontinuitätsprinzip

Kind soll möglichst nicht aus gewohnter Umgebung gerissen werden; bei welchem Elternteil wird Gleichmäßigkeit der Erziehung am wenigsten gestört?

Bindungen des Kindes

Bindung an den jew. Elternteil; dabei (je nach Alter) Wille des Kindes zu berücksichtigen: Anhörung gem. § 159 FamFG

Wann liegt eine nichteheliche Lebensgemeinschaft vor? Sind auf diese die Vorschriften des Eherechts anzuwenden?

↳ FamR: Karteikarte Nr. 54

Nichteheliche Lebensgemeinschaft	Verbindung zweier Partner zur gemeinsamen Lebensführung ohne Trauschein; jederzeit auflösbar.

Anwendbarkeit des Eherechts
Verfassungsrechtl. problematisch, da Art. 6 I GG mit seinem „Schutzabstandsgebot" („besonderer" Schutz der Ehe) Gleichstellung verbietet
Analogie würde Vergleichbarkeit mit Ehe voraussetzen; Partner der NeLG gehen bewusst keine rechtlichen Bindungen ein, anders als bei Ehe!
Daher: Vorschriften des EheR nur **vereinzelt** und **ausnahmsweise** auf NeLG anwendbar! Bsp. § 1359

Kann ein Partner einer nichtehelichen Lebensgemeinschaft nach deren Auflösung vom anderen Ausgleich für Zuwendungen nach den §§ 812 ff. BGB verlangen?

FamR: Karteikarte Nr. 58

Ausgleich für Zuwendungen bei NeLG

§§ 530, 531, 812 I S.2 1.Alt.	(+), wenn echte Schenkung; problematisch i.d.R.: Einigung über **Unentgeltlichkeit**; wie bei Ehe (-), wenn Zuwendung der Verwirklichung der Lebensgemeinschaft dienen sollte (unbenannte Zuw.), Rechtsgrund dafür in unbenanntem Vertrag, so dass auch § 812 I S.1 1. Alt. (-)
§ 812 I S.2 1.Alt.	nach h.M. (-), da das der Schenkung zugrundeliegende Rechtsverhältnis nicht auflösend bedingt war
§ 812 I S.2 2.Alt.	i.d.R. (-) mangels Zweck*vereinbarung*

Wie kann nach Beendigung einer nichtehelichen Lebensgemeinschaft ein Ausgleich erfolgen, wenn die Partner einen Geschäftsbetrieb aufgebaut haben, der nur einem der Partner gehört?

Die nichteheliche Lebensgemeinschaft

↳ FamR: Karteikarte Nr. 59

§§ 705, 730 ff.	Setzt Gesellschaftsvertrag voraus; konkludent nur dann, wenn über Verwirklichung der NeLG hinaus („Tisch und Bett“), bei Geschäftsbetrieb i.d.R. (+);
SGG i.S.d. § 313	*Hilfsweise* ist auf die SGG einzugehen; im Einzelfall zu prüfen, ob tatsächlich Fortbestand der Beziehung Grundlage der Zuwendung! Nicht bei Zuwendungen im Rahmen des täglichen Zusammenlebens. Wenn Störung der GG Umfang des Anspruchs dann Frage einer Einzelfallwertung.

Können die Partner einer nichtehelichen Lebensgemeinschaft vereinbaren, dass die §§ 1365, 1369 BGB gelten sollen?

↳ FamR: Karteikarte Nr. 61

§§ 1365, 1369 sind auf die NeLG weder **direkt** noch **analog** anwendbar; fraglich ist aber, ob deren Geltung durch Rechtsgeschäft herbeigeführt werden kann.

↓

Ein Verfügungsverbot kann jedoch durch Rechtsgeschäft grds. nicht herbeigeführt werden, § 137 S.1 (es sei denn gesetzl. geregelte Ausnahme, z.B. § 399 2.Alt.)

Daher: Rechtsfolgen der §§ 1365, 1369 können **nicht** herbeigeführt werden; jedoch entspr. *schuldrechtl.* Vereinbarung möglich (§ 137 S.2), so dass bei Zuwiderhandeln SE-Pflicht entsteht

Wer ist Mutter, wer Vater eines Kindes?

↳ FamR: Karteikarte Nr. 63

Abstammung

Seit 01.07.1998 keine Unterscheidung zwischen ehelicher und nichtehelicher Abstammung mehr

Mutter, § 1591

Die Frau, die das Kind geboren hat
(z.B.: bei Leihmutterschaft die *gebärende* Frau!)

Vater, § 1592

Mann, der
(1) im ZP der Geburt mit Mutter verheiratet ist oder
(2) der Vaterschaft anerkannt hat oder
(3) dessen Vaterschaft gerichtl. festgestellt worden ist

Ehefrau F lässt sich mit dem Samen des Dritten D künstlich befruchten.
Kann ihr Ehemann M die Vaterschaft anfechten?

Abstammung bei sog. heterologer Insemination

Ehemann M gilt wg. § 1592 I Nr. 1 als Vater; jedoch Möglichkeit zur Vaterschaftsanfechtung gem. §§ 1599 ff., dann Feststellung des **D** als Vater, § 1600d, es sei denn Abs.4!
aber § 1600 IV: Kein Anfechtungsrecht des M, wenn mit künstlicher Befruchtung einverstanden

Was ist unter Ersatz-, was unter Leihmutterschaft zu verstehen? Wie wirken sich solche auf die Abstammung aus?

Verwandtschaft / Abstammung

↳ FamR: Karteikarte Nr. 66

Ersatzmutterschaft	Fremde Frau wird mit Sperma des Ehemannes befruchtet, trägt Kind aus
⇕	
Leihmutterschaft	Ehemann und Ehefrau zeugen Embryo, Dritte trägt diesen aus

Dritte Frau ist wg. § 1591 als gebärende Frau Mutter Ehemann ist biologischer Vater; jedoch evtl. § 1592 Nr. 1 zugunsten des Ehemanns der *Dritten* denkbar!

Verträge bzgl. Ersatz- / Leihmutterschaft wg. § 134 i.V.m. Spezialgesetz (EmbryonenschutzG, AdoptionsvermittlungsG), jedenfalls wg. § 138 I nichtig!

Welche beiden Grundtypen der Adoption gibt es?
Worin liegt deren wesentlicher Unterschied?

↳ FamR, Rn. 353 ff.

Adoption

= Annahme als Kind, §§ 1741-1772

Adoption Minderjähriger (Volladoption, §§ 1741-1766)	Adoption Volljähriger (§§ 1767-1772)
• Adoption durch Eheleute oder Adoption des Kindes des anderen Ehegatten: Kind erhält Status des **gemeinschaftl. Kindes**, § 1754 I • sonst: Status eines **Kindes des Annehmenden**, § 1754 II **Daher:** Verwandtschaft auch zu Verwandten des / der Annehmenden; alte Verwandschaftsverhältnisse erlöschen, § 1755 I	grds. wie bei Volladoption, § 1767 II, aber: **Keine** Verwandtschaft mit Verwandten des Annehmenden, § 1770 I (Ausnahme: § 1772)! Alte Verwandtschaftsverhältnisse bleiben grds. bestehen, § 1770 II

Wie ist ein Unterhaltsanspruch nach den §§ 1601 ff. BGB zu prüfen (vgl. KK Nr. 23)?

↬ FamR, Rn. 372

	Verwandtenunterhalt, §§ 1601 ff.	
(1)	Unterhaltstatbestand	§ 1601 = Anspruchsgrundlage
(2)	Umfang und Inhalt	Geldrente mtl. im voraus, § 1612 I, III S.1; **aber:** WahlR der Eltern bei mj. unverheiratetem Kind, § 1612 II
(3)	Bedürftigkeit des UH-Berechtigten	§ 1602 I: Keine eigene Deckungsfähigkeit, Abs. 2 beachten bzgl. Vermögen
(4)	Verpflichteter	§§ 1606, 1608
(5)	Leistungsfähigkeit des UH-Verpflichteten	§ 1603 I: Keine Gefährdung des eigenen Unterhalts; Abs. 2 beachten
(6)	Kein Ausschluss	v.a. § 1611

Ist der Unterhaltsanspruch nach § 1601 BGB davon abhängig, ob der Berechtigte minder- oder volljährig ist? Wenn nein, wo spielt die Minderjährigkeit aber eine Rolle?

↳ FamR: Karteikarte Nr. 70

Für den Anspruch aus § 1601 ist nicht die Minderjährigkeit des Berechtigten erforderlich; die Volljährigkeit stellt also keinen Ausschlusstatbestand des Anspruches dar.

Aber: Minderjährigkeit spielt dennoch an verschiedenen Stellen eine Rolle:

- Erwerbsobliegenheiten des Kindes, § 1602 I
- Bedürftigkeitsprivileg nach § 1602 II: Kind muss Vermögensstamm nicht angreifen; Besonderheit bei Leistungsfähigkeit des Pflichtigen nach § 1603 II
- § 1611 II: Kein Ausschluss nach § 1611 I beim mj. unverheirateten Kind
- Unterhaltserfüllung durch Pflege / Erziehung, § 1606 III S.2

Welches Rangverhältnis der Verpflichteten besteht für den Unterhalt nach § 1601 BGB? Welcher Art ist die Schuldnermehrheit nach § 1606 III S.1 BGB?

FamR, Rn. 376

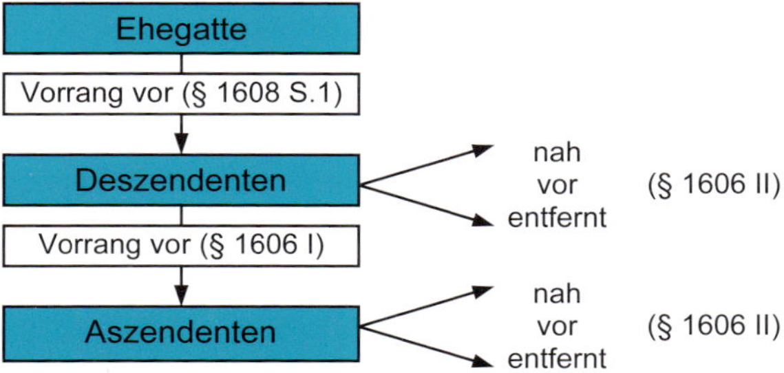

! Schuldnermehrheit bei gleichrangiger Unterhaltspflichtigkeit, § 1606 III S.1: Teilschuld i.S.d. § 420 !

Wie kann ein Elternteil, der gegenüber dem gemeinsamen Kind die Unterhaltspflicht des anderen Elternteiles miterfüllt hat, bei diesem Regress nehmen?

↬ FamR: Karteikarte Nr. 72

Regress bei Miterfüllung der UH-Pflicht des anderen Ehegatten

Legalzession nach § 1607 III S.1 nach Wortlaut nicht anwendbar;
vielmehr: H.M. geht von sog. **familienrechtl. Ausgleichsanspruch** aus, der Ansprüche aus GoA und Bereicherungsrecht verdrängt; Anspruchsgrundlage: § 1606 III S.1 oder § 242

Voraussetzungen:	
	(1) ein Elternteil hat eine dem anderen Elternteil obliegende Unterhaltspflicht erfüllt **und** (2) in der Absicht gehandelt, vom anderen Ersatz zu verlangen, vgl. §§ 685 I, 1360b

Welche beiden Funktionen erfüllt nach h.M. § 1664 BGB?

↳ FamR: Karteikarte Nr. 76

§ 1664

Haftungsprivilegierung	Anspruchsgrundlage
Beschränkung der Haftung auf eigenübliche Sorgfalt i.S.d. § 277 (diligentia quam in suis)	Zugleich aber auch Anspruchsgrundlage für SE bei Verletzung der elterlichen Sorgepflicht; hierbei wiederum Haftungsprivilegierung beachten!

Inwieweit kommt § 278 BGB im Rahmen eines Anspruches aus § 1664 BGB zur Anwendung?

Verwandtschaft / Eltern-Kind-Verhältnis **FamR 89**

↳ FamR: Karteikarte Nr. 76

§ 1664-Anspruch setzt Vertretenmüssen voraus; Verschuldenszurechnung über § 278 denkbar

(+) Wenn Eltern elterl. Sorge einem Dritten überlassen (v.a.: Kindermädchen, Pflegemutter etc.): § 278 (+), Dritter ist Erfüllungsgehilfe!

(-) Wenn Heranziehung des Dritten unbedingt erforderlich (Arzt, Anwalt): § 278 (-); Eltern haften nur für (eigenes) Auswahl- und Überwachungsverschulden

Wie regelt sich die Sorgerechtszuständigkeit für ein nichteheliches Kind?

↳ FamR: Karteikarte Nr. 52

Grds. steht elterl. Sorge der Mutter zu, § 1626a III, aber: bei **Heirat** oder gemeinsamer **Sorgeerklärung** oder **Entscheidung des Familiengerichts**: gemeinsame elterl. Sorge, § 1626a I, II

Sorgeerklärung nicht widerrufbar! Allenfalls Übertragung des alleinigen Sorgerechts nach § 1671.

Vater bekommt gegen den Willen der Mutter Sorgerecht durch gerichtliche Entscheidung nach § 1626a I Nr. 3, II, wenn dies dem Kindeswohl nicht widerspricht

In welchen Konstellationen kann es trotz zunächst bestehender gemeinsamer elterlicher Sorge zur alleinigen Sorgerechtszuständigkeit kommen?

FamR: Karteikarte Nr. 52

Konstellationen für alleinige Sorge trotz zunächst gemeinsamer Sorge

- Gefahr im Verzuge, § 1629 I S.4
- Tod, §§ 1677, 1680 f.
- Sorgerechtsentziehung, §§ 1666, 1666a
- Ruhen der elterl. Sorge bei rechtl. / tatsächl. Unvermögen, bei Verhinderung: §§ 1673 f., 1678
- Gerichtliche Entscheidung bei Getrenntleben, §§ 1671 f.

Welche beiden Kategorien umfasst die elterliche Sorge? Nennen Sie jeweils Beispiele!

Verwandtschaft / Eltern-Kind-Verhältnis

FamR 92

↳ FamR, Rn. 363

Elterliche Sorge, § 1626 I S.2

- **Personensorge (§§ 1631-1633)**
  Persönliche Angelegenheiten des Kindes, z.B.: Erziehung, Aufenthaltsbestimmung, vgl. § 1631

- **Vermögenssorge (§§ 1638-1646, 1649, 1683, 1698-1698b)**
  Erhaltung, Vermehrung, Verwertung des Vermögens des Kindes, z.B.: Abschluss von Versicherungen für das Kind, Einrichtung eines Sparbuchs

In welchen beiden klausurrelevanten Fallgruppen ist die Vertretungsmacht der Eltern beschränkt?

↳ FamR: Karteikarte Nr. 78

§§ 1629 II S.1, 1795 II, 181	§§ 1643, 1821 ff.
Stellvertretung ausgeschlossen bei nach § 181 unzulässigem Insichgeschäft (tel. Reduktion des § 181 bei für das Kind rechtl. vorteilhaften Geschäften beachten, § 107 analog)	Ausdr. genannte, für das Vermögen des Kindes besonders bedeutende Rechtsgeschäfte bedürfen der Zustimmung des Familiengerichts
↓	↓
In diesen Fällen bedarf es der Mitwirkung eines **Ergänzungspflegers**, §§ 1693, 1909	Eltern können Kind nur mit Zustimmung des FamG vertreten!

Was ist zu beachten, wenn die Eltern aus steuerlichen Gründen ein Grundstück ihres 5-jährigen Kindes an sich übereignen wollen?

Eltern könnten in Vertretung des Kindes Schenkung, nicht aber Übereignung an sich selbst durchführen; Übereignung wäre aber unzulässiges **Insichgeschäft**, §§ 1629 II S.1, 1795 II, 181; wg. rechtl. Nachteiligkeit der Übereignung, § 566 BGB, „Erfüllung einer Verbindlichkeit" i.S.d. § 181 BGB im Wege einer teleologischen Reduktion zu verneinen

Eltern von Vertretung ausgeschlossen; Ergänzungspfleger muss seitens des Kindes auftreten, §§ 1693, 1909.

Zu wirksamer Verfügung über Grundstück und zu wirksamer Verpflichtung hierzu bedarf aber auch der Ergänzungspfleger der Zustimmung des *Familien*gerichts, §§ 1915 I, 1821 I Nr. 1, Nr. 4

Welche beiden Formen der Betreuung gilt es zu unterscheiden? Ist der Betreute geschäftsunfähig?

FamR: Karteikarte Nr. 80

Betreuung, §§ 1896 ff.

Betreuung **ohne** Einwilligungsvorbehalt	Betreuung **mit** Einwilligungsvorbehalt
= gesetzl. Regelfall; Betreuter kann **selbst** Rechtsgeschäfte vornehmen, sofern er geschäftsfähig ist, §§ 104 ff. (vgl. unten)	vgl. § 1903: Rechtsgeschäfte des Betreuten bedürfen Zustimmung des Betreuers, § 1903. Ausnahme: ledigl. rechtl. vorteilhafte Geschäfte, § 1903 III S.1

Betreuung setzt *nicht* Geschäftsunfähigkeit des Betreuten voraus! Jedoch wird i.d.R. § 104 Nr. 2 vorliegen.

Ist ein Rechtsgeschäft, das ein Betreuter unter Einwilligungsvorbehalt im geschäftsunfähigen Zustand vornimmt, wirksam, wenn der Betreuer zustimmt?

↳ FamR: Karteikarte Nr. 76

Zustimmung kann Nichtigkeit der WE des Betreuten nach § 104 Nr. 2 nicht heilen, Rechtsgeschäft unwirksam

Denkbar: **Umdeutung** (§ 140) der Zustimmung als Willenserklärung durch den Betreuer als **Vertreter** des Betreuten, § 1902?

Umdeutung aber (-), wenn Zielgeschäft ggü. unwirksamem Ausgangsgeschäft ein „**mehr**" darstellt. WE als Vertreter ist ein mehr ggü. der bloßen Zustimmung, daher nach **ganz h.M.** Umdeutung (-)!

Haben Sie sich an das Gelernte umfänglich erinnert?

✔ Der Stoff ist nun einen Schritt näher auf dem Weg zum Langzeitgedächtnis. Bestimmte Problemkreise haben Sie nun abgespeichert. Es darf daher Stufe 3 übersprungen werden.
Sortieren Sie die Karteikarte unter 4. (fundiertes Wissen) ein.

✘ Haben Sie sich nur teilweise oder gar nicht an das Gelernte erinnert, so muss der Lernstoff noch mal vertieft werden. Bleiben Sie am Ball: Es gilt am nächsten Tag Stufe 3.
Sortieren Sie die Karteikarte unter Schritt drei "2. Wiederholen" ein.

Zweites Wiederholen ("kleine Strafrunde"):
Beschäftigen Sie sich am Tag nach Stufe 2 mit dem "unvollständig Gelernten". In der Klausur wäre der Stoff noch nicht abrufbar. Machen Sie sich bewusst, warum der Problemkreis nicht beherrscht wird. Lesen Sie gezielt noch mal in unseren Produkten nach und schaffen Sie sich hierdurch die Basis zum Verstehen.
Machen Sie sich kurze Notizen und Verweise.

- ✓ **Nach der zweiten Wiederholung wird die Karteikarte zurück auf Stufe zwei einsortiert und unterliegt dort am nächsten Tag nochmals einer Kontrolle. Durch diese Lernmethode widmen Sie den Problemkreisen, die Sie nicht auf Anhieb verstehen, von Anfang an mehr Zeit.
So kommen sie über den Umweg 3 und nochmal Stufe 2 zu Stufe 4.**

Fundiertes Wissen:
Die schon vorhandene Gedächtnisspur wird durch eine weitere Wiederholung vertieft. Wir empfehlen nach 1 Woche eine Wiederholung der hier einsortierten Karteikarten. So retten Sie das Gelernte in das Langzeitgedächtnis. Das Wiederholen geht jetzt schon viel schneller. Stichwortartig memorieren Sie die Hauptpunkte der Lösung.

Haben Sie sich an das Gelernte umfänglich erinnert?

✔ **Die Karteikarte darf vorrücken zu 5. Langzeitgedächtnis.**

✘ **Die Karteikarte wird noch nicht so sicher und schnell beherrscht wie gewünscht.**
Belassen Sie die Karte in Stufe 4.

Langzeitgedächtnis:
Wiederholen Sie auf dieser Stufe das Gelernte im Schnelldurchlauf nochmals nach **einem Monat**. Sie können jetzt an einem Tag ein ganzes Rechtsgebiet wiederholen.

- ✔ **Konnten Sie auf die Frage schnell und im Wesentlichen richtig antworten. Die Karteikarte bleibt auf dieser Stufe.**
- ✕ **Merken Sie beim stichwortartigen Memorieren der Karteikarte, dass Sie zu lange überlegen müssen, um das Gelernte wieder herzuleiten, so sortieren Sie diese Karteikarte nochmals auf Stufe 4 ein.**

An alles erinnert? Sie können mit sich zufrieden sein.
Der Lernstoff ist nun im Langzeitgedächtnis und Sie haben erfolgreich gegen das Vergessen angekämpft. Das Gelernte können Sie nun bei der Fallbearbeitung jederzeit abrufen.

Langzeitgedächtnis:
Wiederholen Sie auf dieser Stufe das Gelernte im Schnelldurchlauf nochmals nach **einem Monat**. Sie können jetzt an einem Tag ein ganzes Rechtsgebiet wiederholen.

- ✔ **Konnten Sie auf die Frage schnell und im Wesentlichen richtig antworten. Die Karteikarte bleibt auf dieser Stufe.**
- ✘ **Merken Sie beim stichwortartigen Memorieren der Karteikarte, dass Sie zu lange überlegen müssen, um das Gelernte wieder herzuleiten, so sortieren Sie diese Karteikarte nochmals auf Stufe 4 ein.**

An alles erinnert? Sie können mit sich zufrieden sein.
Der Lernstoff ist nun im Langzeitgedächtnis und Sie haben erfolgreich gegen das Vergessen angekämpft. Das Gelernte können Sie nun bei der Fallbearbeitung jederzeit abrufen.